LAS REGLAS DEL CURRÍCULUM VITAE EFICAZ

Roberta Biglino

LAS REGLAS DEL CURRÍCULUM VITAE EFICAZ

EDITORIAL DE VECCHI

A pesar de haber puesto el máximo cuidado en la redacción de esta obra, el autor o el editor no pueden en modo alguno responsabilizarse por las informaciones (fórmulas, recetas, técnicas, etc.) vertidas en el texto. Se aconseja, en el caso de problemas específicos —a menudo únicos— de cada lector en particular, que se consulte con una persona cualificada para obtener las informaciones más completas, más exactas y lo más actualizadas posible. EDITORIAL DE VECCHI, S. A. U.

© Editorial De Vecchi, S. A. U. 2004
Balmes, 114. 08008 BARCELONA
ISBN: 84-315-2301-8

Reservados todos los derechos. Ni la totalidad ni parte de este libro puede reproducirse o trasmitirse por ningún procedimiento electrónico o mecánico, incluyendo fotocopia, grabación magnética o cualquier almacenamiento de información y sistema de recuperación, sin permiso escrito de EDITORIAL DE VECCHI.

Introducción

Escribir el propio currículum es un difícil ejercicio de autoevaluación y de síntesis, regido por normas precisas que no se pueden ignorar. Este libro pretende ser una ayuda en esta tarea, proporcionando ejemplos adecuados a las distintas situaciones, desde la búsqueda del primer empleo hasta las aspiraciones del joven que pretende integrarse en los cuadros directivos, desde el perito informático hasta el diseñador creativo, desde la respuesta a los anuncios en el diario local hasta las ofertas de trabajo en lenguas extranjeras.

Quien lee un currículum ha de decidir, basándose sólo en la lectura de un simple folio, si es oportuno o no, convocar al candidato para celebrar una entrevista a fin de conocerlo mejor.

La opción de convocar a una persona viene dictada frecuentemente por una impresión recibida, o por la curiosidad que suscita un detalle que parece interesante. Por lo tanto, es importante que el currículum, auténtica carta credencial del candidato, no deje traslucir indiferencia o actitudes de improvisación: todos deseamos que quien se dirija a nosotros nos dedique la debida atención.

1
La comunicación escrita

LA DIFICULTAD DE ESCRIBIR

Scripta manent. Probablemente, por esta razón, experimentamos un cierto malestar frente a una página en blanco o ante la pantalla vacía del monitor de nuestro ordenador, cuando nos encontramos en la situación de tener que comenzar a escribir. La incertidumbre sobre los contenidos que hemos de transmitir, el miedo a no conseguir expresarnos correctamente o a que se nos escape alguna inconveniencia, pueden resultar una dificultad seria a la hora de empezar.

Los estudios de la edad escolar nos preparan raramente a escribir con claridad y con un tono serio, pero informal, ya que generalmente se da más importancia al estudio del estilo literario y poético que no será, luego, el más adecuado para tratar los argumentos cotidianos, personales y profesionales.

Por otra parte, en el mundo del trabajo cada uno de los sectores usa su propia jerga, que frecuentemente debilita y resta importancia a las novedades y originalidades que se puedan dar en nuestros mensajes: usar frases y modismos estandarizados puede ser cómodo, pero en realidad, no llama la atención y, sobre todo, no consigue mantener activa la atención del lector.

Sin el afán de intentar sobresalir a toda costa, hemos de escribir, sin embargo, con un estilo personal, conciso y de fácil comprensión, sin que por ello tenga que resultar aburrido o, todavía peor, desagradable.

LA SOCIEDAD DE LAS COMUNICACIONES

La sociedad actual se caracteriza porque en ella las comunicaciones adquieren una importancia creciente, que parece privilegiar el uso de sistemas audiovisuales cada vez más sofisticados. Pero, si por una parte el recurso a las nuevas tecnologías del sonido y de la imagen se extiende más cada día, también es cierto que, al mismo tiempo, crece la conciencia de la necesidad de dominar el lenguaje escrito, que, aunque hoy en día se encuentra cada vez más descuidado, sigue siendo un importante instrumento de expresión personal.

En el mundo laboral del futuro, de hecho, habrá cada vez menos espacio para los llamados *semianalfabetos tecnológicos*, es decir, aquellos que no son capaces de usar y de apreciar la riqueza y los matices de la lengua, tanto hablada como escrita.

Se alejan ya de forma definitiva los tiempos en que se podía considerar aceptable, y en algunos casos original, una carta escrita a lápiz sobre un folio de cuaderno, toda ella con mayúsculas y sin signos de puntuación, o bien a la que le faltara el encabezamiento o las fórmulas finales de cortesía.

LA COMUNICACIÓN

Comunicación e información se utilizan frecuentemente como sinónimos, pero para plantear correctamente el argumento, es necesario que seamos precisos. Mientras que la comunicación es el acto de la transmisión de un mensaje, la información se refiere a su contenido.

> **Comunicar es el acto de ponerse en contacto con otra persona, influyendo en su comportamiento.**

Los protagonistas del proceso de comunicación son:

> — el **EMISOR**: quien envía el mensaje;
> — el **RECEPTOR**: el destinatario del emisor;
> — el **CÓDIGO**: un lenguaje conocido por ambos.

Comunicar, pues, significa transmitir un mensaje utilizando un código conocido. Por lo que se refiere a la **transmisión,** una de las formas de comunicación más sencilla es la comunicación escrita, ya que lleva directamente a la comprensión (**descodificación**) del mensaje; inmediatamente veremos que «más sencilla» no significa en este caso lo mismo que «más fácil», sino que, por el contrario, requiere un mayor esfuerzo de preparación.

En una conversación, de hecho, el receptor elabora la descodificación, y envía una respuesta de cualquier tipo **(feed-back)** que puede ofrecer indicaciones sobre el nivel de comprensión de todo cuanto acabamos de decir.

Comunicar no es tan sólo hablar; en cualquiera de nuestros comportamientos, inflexiones de la voz, gestos e incluso en nuestros silencios o en la inmovilidad hay un significado implícito: la palabra escrita, sin embargo, es estática y, aunque si bien está mucho más pensada, al no permitir una rectificación inmediata, ha de ser ponderada y precisa.

El mayor problema de la comunicación escrita reside, precisamente, en la imposibilidad de verificar inmediatamente si el significado de lo que queremos decir le quedará claro a nuestro interlocutor o no, mientras que en un diálogo o en una discusión, el comportamiento, la simple expresión de los ojos y las objeciones que nos hace el interlocutor, nos ayudan a explicar, puntualizar e incluso corregir nuestras afirmaciones.

Podemos esquematizar el proceso de comunicación en dos tipos:

— Comunicación en una dirección

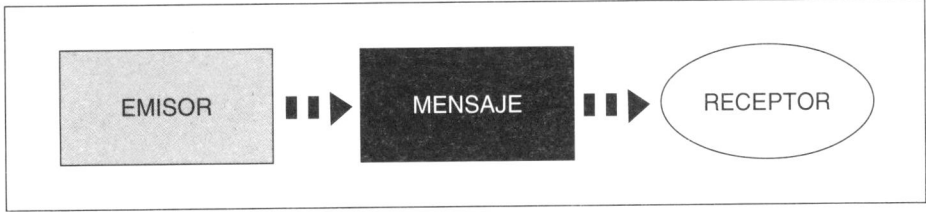

— Comunicación en doble dirección

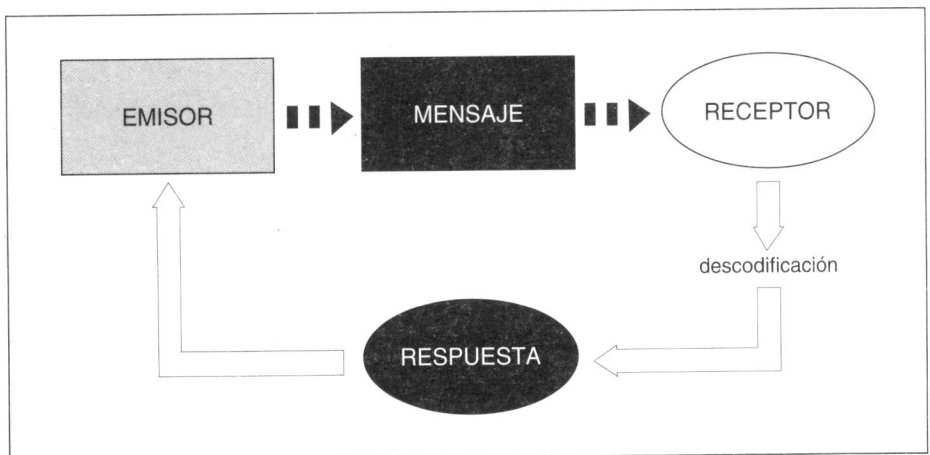

En definitiva, si la comunicación en una dirección (la escritura, las conferencias, los informativos de televisión) es más rápida, la comunicación en doble dirección (la entrevista, la conversación, el debate), permite un conocimiento mayor de la personalidad de los interlocutores y una mejor definición de los detalles, resultando por ello más eficaz.

Sintonizar con el lector

Cuando nos disponemos a escribir, hemos de preguntarnos a quién nos dirigimos y qué tono queremos usar; el dominio de un estilo equilibrado y, en la medida de lo posible, original ha de ser nuestro primer objetivo. Al no tener a disposición instrumentos de *feed-back* inmediato, es necesario estar en sintonía con el lector de la comunicación, evitando un estilo extremadamente prolijo, agresivo o servil. El hecho de escribir nos da la ventaja de poder elegir el argumento y el modo de tratarlo, pero si el lector no se siente a gusto, reaccionará abandonando la lectura.

Si este capítulo hubiese comenzado de la siguiente forma:

> *Comunicar significa transmitir y recibir mensajes que sean comprensibles por las partes, convirtiéndose así en el medio de su proceso de relación*
>
> o bien
>
> *Toda comunicación tiene dos aspectos:*
> *— de contenido*
> *— de relación (metacomunicación)*

probablemente, la mayor parte de los lectores habría pasado directamente al segundo capítulo, esperando que se diera una aclaración de estas definiciones. Sí, por el contrario, el título de este capítulo hubiera sido «Teoría de la comunicación», habría sido oportuno comenzar con una definición teórica del proceso de comunicación.

Por lo que se refiere al estilo, el ejercicio literario que hemos realizado en el colegio consiste, generalmente, en el uso de la retórica, frecuentemente referida a temas no actuales y de escaso interés práctico. La habilidad del escritor consiste en saber crear un estilo, que por una parte estimule y mantenga la atención del lector, y por otra, que se revele como un instrumento de expresión adecuado. El riesgo más frecuente y grave es el de utilizar un estilo burocrático o, todavía peor, oscuro y turbio, que aburre, confunde o irrita al lector, cuyo desinterés haría absolutamente inútil nuestro esfuerzo y trabajo de escritores.

El esquema

El interés del lector está estrechamente unido a la consecuencialidad lógica y a la coherencia de todo cuanto escribimos; esto vale tanto para los argumentos como para el estilo que utilizamos.

Una forma de verificar si hemos pensado suficientemente la materia y si los temas que vamos a tratar no son suficientemente claros, es el intento de ponerlos en orden, según las conclusiones a las que queremos llegar. Una vez que hemos elegido la tesis y los contenidos es muy fácil organizarlos según un esquema, es decir, la escritura de los puntos fundamentales, que nos ayude a evitar repeticiones y, sobre todo, contradicciones.

Este esquema puede ser un simple listado de palabras clave o una lista de subtítulos con algunas indicaciones de su contenido. Por ejemplo, el esquema de este párrafo podría haber sido el siguiente:

ESQUEMA

— *no desorientar al lector;*
— *conocimiento de los argumentos;*
— *elección de la tesis;*
— *ejemplos.*

O bien, más detalladamente:

ESQUEMA

NO DESORIENTAR AL LECTOR:
coherencia lógica, interés, estilo y argumentos;

CONOCIMIENTO DE LOS ARGUMENTOS:
organizar la materia: esfuerzo de claridad, posibles lógicas;

ELECCIÓN DE LA TESIS:
construir el esquema por puntos, contradicciones;

EJEMPLOS:
esquemas con y sin palabras clave.

ESCRIBIR UNA CARTA

A veces, la ocasión de escribir una carta puede presentarse como una necesidad desagradable, precisamente, por ser un instrumento con el que muchos tienen poca familiaridad. En estos casos, la reacción más común es la de recurrir a formas estereotipadas, exponiéndonos al riesgo de utilizar un tono o un estilo inadecuados.

El planteamiento de una buena carta se basa en algunas reglas fundamentales que siempre es oportuno conocer.

• **La elección del papel:** a pesar de que pueda parecer algo inútil, este punto es muy importante. Todo el mundo está de acuerdo en que ha de ser blanco, a no ser que se trate de cartas confidenciales.

• **El encabezamiento o membrete,** con nuestro nombre y dirección: puede estar impreso y ha de ser siempre muy sobrio. Se sitúa en la parte superior de la hoja, generalmente a la izquierda.

• **La fecha:** no se puede olvidar; se escribe arriba, a la derecha, inmediatamente después del membrete y ha de indicar, habitualmente, el lugar, el día, el mes y el año, de la siguiente forma:

Barcelona, 10 de mayo de 1999

• **El destinatario:** en las cartas comerciales se ha de indicar de forma clara en la parte izquierda (o derecha) del folio, escribiendo el nombre y el apellido, precedido de las abreviaturas de los títulos profesionales, el cargo que ocupa en la empresa, el nombre de la empresa, la dirección, el código postal y la ciudad, según el siguiente ejemplo:

Ing. Juan González
Director técnico
DALTE, S. A.
c/ Mayor, 28
08012 BARCELONA

• **La frase de apertura** de la carta, es decir, el saludo a la persona a la que nos dirigimos. Se ha de distinguir entre cartas formales e informales. Por ejemplo, escribiremos *Estimado señor, Señor abogado, Doctor NN, Ingeniero NN,* o, en caso de dirigirnos a señoras: *Estimada señora;* si nos dirigimos a profesores universitarios, podemos escribir *Estimado profesor, Estimado doctor;* y si la carta va dirigida a cargos eclesiásticos, comenzaremos el saludo con el adjetivo *Reverendo;* en caso de cartas informales, podemos anteponer el nombre *Querido* o *Queridísimo,* según el grado de confianza que tengamos con los amigos o parientes a los que nos dirijamos.

- **Las fórmulas de conclusión:** han de ser acordes con el estilo de la frase del comienzo.

Las fórmulas más comunes en las cartas formales son:

Le saluda atentamente. Con mis mejores saludos. Atentamente. En espera de su respuesta, le saludo atentamente. Me excuso por el retraso de la respuesta y le saludo atentamente. Atentamente le saluda.

En las cartas informales:

Hasta pronto. Con el deseo de verte cuanto antes. Afectuosamente. Te saludo afectuosamente. Un abrazo. Hasta la vista.

- **La firma:** es muy importante y ha de estar siempre escrita de puño y letra; se suele poner en la parte derecha del folio. En las cartas comerciales puede aclararse el nombre del firmante a máquina, a fin de facilitar la lectura. No hemos de olvidar que en las firmas se sitúa siempre el nombre seguido del apellido.

- **Las palabras extranjeras:** es deseable que se reduzca al máximo su uso. ¿Cuántos lectores se han molestado al leer al comienzo del capítulo una cita latina sin ser traducida a continuación? Se ha de recurrir a las otras lenguas en casos realmente necesarios, o cuando se trate de vocablos que ya han entrado a formar parte del vocabulario habitual.

Si, por el contrario, decidimos usar palabras o frases de uso no común, es oportuno escribir inmediatamente después su traducción:

Scripta manent *(«lo que se escribe permanece»): probablemente experimentamos por esta razón...*

En el uso de las palabras extranjeras se ha de elegir también un criterio uniforme sobre su declinación, es decir, si se elige utilizarlas siempre como indeclinables y, por tanto, siempre en singular *(Tengo muchos hobby),* o bien se prefiere utilizarla en sus derivaciones según los casos *(Tengo muchos hobbies).*

- **Las siglas:** algunas siglas, como por ejemplo: USA, ONU, UE, deberían ser conocidas por todos, pero, como norma general es mejor especificar su significado completo, al menos la primera vez que aparecen en el texto, por ejemplo:

CV (Currículum Vitae)
ICO (Instituto de Crédito Oficial)

Nombre y apellidos
Dirección privada
Prefijo / Teléfono

Ciudad, fecha

Dirección del destinatario

Asunto: ....
....

Texto

Firma ......

Correcta distribución de una carta

— 2 —

La inserción en el mundo del trabajo

LAS VÍAS DE ACCESO AL MERCADO DEL TRABAJO

Existen diversas técnicas para entrar en contacto con un potencial empresario que dé trabajo. Cuando se busca el primer empleo o se intenta mejorar la posición profesional, se ha de recurrir a todas las oportunidades posibles.

- **Índices académicos:** las escuelas superiores y las universidades suelen entregar a quien se los pide, los listados de los alumnos que se han graduado, con su dirección y la calificación obtenida.

Es un canal que las grandes empresas utilizan habitualmente para entrar en contacto con los jóvenes; los criterios principales que se siguen para hacer una selección son, normalmente, el tipo de especialidad y la calificación con que se ha conseguido el título académico.

- **Jornadas de encuentro entre centros de estudios y empresa:** este tipo de encuentros es una actividad que se está consolidando y se realiza, generalmente, con motivo de ferias y exposiciones. Las empresas presentan a los estudiantes sus actividades y sus objetivos, consiguiendo entrar, por este camino, en contacto con muchos potenciales colaboradores para el futuro.

- **Las oficinas de empleo:** la función de estos organismos consiste en ser el puente entre las empresas y las personas que se encuentran en paro. Estas oficinas responden a las empresas que buscan cubrir puestos de trabajo, las demandas que han registrado en sus bases de datos, en las que constan las capacidades laborales de los inscritos.

- **Concursos:** las entidades oficiales, la banca y otras organizaciones convocan concursos como forma habitual de cubrir los puestos de trabajo que ofrece. La correspondiente información sobre estos concursos se publica en los Diarios Oficiales y en las publicaciones de empresa.

LA OPINIÓN DE UN EXPERTO SOBRE ESTRATEGIAS DE CARRERA

Es habitual que la elección del tipo de carrera se haya hecho según las propias inclinaciones personales, influenciado por los amigos, o bien, sugerida por los padres.

Por tanto, a la hora de conseguir el título académico, es posible que el estado de ánimo sea:

— satisfacción por los estudios que se han concluido;
— seguridad de que se ha elegido una carrera equivocada;
— desorientación ante las posibilidades que ahora se presentan en el mundo del trabajo.

«El problema de los jóvenes que acaban su graduación es el escaso conocimiento del mercado del trabajo y de las tipologías profesionales que existen y que se piden», afirma Ana Uskok, miembro de Eurojob, organismo asociado de Génova, dedicado a orientar sobre las posibilidades profesionales de las carreras universitarias, es decir, ofrece el llamado *career service*.

Para identificar el objetivo de la propia elección, es necesario analizar la empresa con las claves de tamaño y funciones, es decir, identificar el tipo de trabajo, las responsabilidades y las competencias referidas a sus diversos cargos y actividades.

«Lo primero que se ha de hacer es centrar nuestro campo de interés en la empresa, por ejemplo, el marketing, la administración u otras secciones.

»El segundo paso consiste en la identificación de las diversas actividades que le son propias a cada una de las funciones; por ejemplo, en la sección de marketing, se ha de pensar en ventas, publicidad, promoción, búsqueda de mercado, etc.

»Por ello, se ha de comprender cuál ha de ser nuestra "puerta" de acceso al sector en el que queremos trabajar y, por tanto, el departamento que se adapta a nuestras capacidades: para trabajar en el marketing, por ejemplo, se ha de comenzar generalmente trabajando sobre el campo, es decir, como vendedor o como agente.»

Definir el propio itinerario de carrera, sin embargo, es un trabajo que se realiza en la mesa de estudio sólo inicialmente; una experiencia directa permite verificar inmediatamente el acierto de las elecciones que se han hecho.

«El estudio teórico se ha de confirmar sobre el campo: aconsejamos siempre participar en un curso de formación sobre el ámbito específico que se desea, de pedir informaciones a conocidos y amigos que tengan este tipo de labor, o bien hacer la prueba de trabajar un breve período de tiempo en distintos departamentos para poder observar la realidad práctica y concreta de trabajo.»

La selección se basa en los títulos (títulos académicos, cursos de especialización, publicaciones, antigüedad en la empresa) y en ciclos de pruebas teóricas y prácticas, escritas y orales.

- **Autocandidaturas:** es también posible presentar, a iniciativa propia y directamente, la propia candidatura a una empresa con el fin de cubrir un puesto que interesa. A veces, sobre todo cuando no se dan perspectivas inmediatas para atender la candidatura presentada, esta se guarda en el archivo.

- **Anuncios de búsqueda de personal:** las empresas publican, de forma directa o a través de una agencia de selección de personal, un anuncio que describe las características del candidato que se busca y el puesto que ha de cubrir. Es uno de los métodos, actualmente, más difundidos, y es usado por las empresas que buscan, además de la plantilla que ya poseen, nuevos cargos.

  También puede publicar un anuncio la persona que busca trabajo, para informar de su propia disponibilidad. Todos los diarios tienen un apartado de correos para los anunciantes, o un servicio propio, que asegure la necesaria discreción, en caso de que se juzgue oportuno.

- *Head hunter* (cazadores de cerebros): son sociedades de selección especializadas en la colocación del personal altamente cualificado, como consejeros delegados, directores generales o dirigentes de alto nivel.

  Su reputación y eficacia se basa en un trabajo de búsqueda llevado con absoluta discreción y a través de contactos personales, es decir, a partir de los conocimientos que se han adquirido durante años de intensa colaboración con las empresas más importantes.

LOS ANUNCIOS DE BÚSQUEDA DE PERSONAL

Cuando se constata la necesidad de contratar a una persona nueva para un determinado puesto de trabajo, la praxis habitual en una empresa consiste en considerar si, entre las personas que ya existen trabajando en ella, hay alguna que posea los requisitos exigidos y, al mismo tiempo, se encuentre en condiciones de ser trasladada al puesto que se desea cubrir. En caso de que no se encuentre la solución adecuada, el responsable de la selección acude al archivo interno, es decir, a los currículum de aquellas personas que se han seleccionado últimamente para una entrevista (cf. «autocandidatura», en pág. 135). Es posible que las personas que hayan presentado una demanda de empleo hace algunos meses hayan encontrado ya un trabajo, pero consultar a las personas que ya han demostrado en alguna ocasión un interés por la empresa es un sistema rápido y poco costoso: se puede comprobar su disponibilidad con una sencilla llamada por teléfono o con una convocatoria para una entrevista.

Si esta práctica, además de la habitual publicidad boca a boca entre conocidos y amigos, no funciona, la búsqueda de la persona adecuada ha de dirigirse ahora fuera de los límites de la empresa, publicando un anuncio de oferta de empleo o contratando los servicios de una agencia de consultores. Estas agencias especializadas disponen también de un archivo para sus propias consultas, con el objetivo evidente de ahorrar tiempo y reducir los costos, generalmente elevados, que supone la publicación de un anuncio en los diarios. Estos archivos de currículum y de nombres a los que recurrir están generalmente al día y son muy completos.

En el caso específico de los jóvenes recién graduados, ya hemos dicho que las empresas se dirigen frecuentemente a los institutos y a las facultades universitarias, lo que les permite la creación de un archivo válido de personas, para cuya localización no está prevista la inversión de mucho tiempo ni dinero. Imaginemos una empresa que, de hecho, publica un anuncio cuyo objetivo es encontrar un joven economista que haya terminado hace poco sus estudios. Las respuestas a tal anuncio serían indudablemente numerosísimas, pero poco detalladas. Utilizar los listados de las escuelas superiores y de las facultades permite, por el contrario, conocer por adelantado la edad, la dirección y la calificación académica del posible candidato, lo que simplifica una primera selección.

¿Quién es el seleccionador?

La empresa puede decidir efectuar ella misma la selección de forma directa, o bien, confiar esta tarea completa o parcialmente, a una agencia externa por diversos motivos.

- **Anuncio con referencias de la razón social y dirección de la empresa:** en este caso, la empresa se apoya en su propio prestigio, en la notoriedad de su nombre y en las buenas relaciones que existen con el personal y los habitantes de la zona. Tiene, evidentemente, el tiempo y la competencia para organizar la selección y no teme recibir muchas peticiones o presiones.

¿Quién llevará a cabo la selección?

Según las dimensiones y la estructura de la sociedad, los currículum se dirigirán a la Dirección de personal o al responsable de la selección, o bien al director general o, incluso, al responsable técnico del departamento interesado (al director administrativo en el caso de un joven economista, al director de producción si se trata de un técnico de mantenimiento, etc.), quienes decidirán a quién han de convocar para una entrevista.

- **La publicación del anuncio se confía a una agencia, pero después, la selección se realiza dentro de la empresa:** con esta fórmula se persigue ahorrar tiempo y evitar presiones de quienes tienen conocidos en la empresa y, por medio del anuncio, sabrían las ofertas que esta hace.

La agencia de consultores recoge las respuestas y las remite directamente al destinatario. Este tipo de procedimiento se suele indicar generalmente, con advertencias del tipo siguiente: «la empresa se preocupa directamente de hacer la selección», o bien, «escriban en el sobre la palabra DISCRECIÓN, en caso de que existan empresas con las que no se desea entrar en contacto».

Por lo demás, sirven las consideraciones ya hechas más arriba.

- **El anuncio y la selección a cargo de una agencia de consultores:** la delegación total del proceso completo a una agencia de consultores se basa en una absoluta confianza en la actividad profesional de un especialista que, previsiblemente, tiene una competencia mayor en el campo de las entrevistas personales y, por ello, un método probadamente mejor, y más tiempo para llevar a cabo esta tarea.

Los responsables de la agencia valoran el currículum, organizan un número limitado de entrevistas y, finalmente, proponen cuatro o cinco candidatos a la empresa.

Si el candidato supera la primera entrevista y es presentado a la empresa que busca personal nuevo, en la segunda entrevista, se valorará más cuidadosamente y, en particular, los aspectos técnicos y estratégicos de su inserción en la plantilla.

> SI SE SABE QUIÉN ES EL DESTINATARIO, PUEDE ESCRIBIRSE UN CURRÍCULUM VITAE CON AQUELLAS INFORMACIONES QUE SE CONSIDERAN MÁS IMPORTANTES O DE UN MAYOR INTERÉS PARA EL LECTOR.

El perfil del candidato

La empresa que tiene intención de incluir una nueva persona en su propio organigrama, ha de determinar las características personales y profesionales del posible candidato, diseñando su «perfil» ideal.

El trabajo del seleccionador consiste en:

— esclarecer los rasgos profesionales, personales y de carácter más importantes;
— redactar eventualmente un anuncio que exprese las necesidades, las exigencias y los criterios de valoración que posee la empresa;
— confrontar, en primer lugar, los currículum y, después, los candidatos con el perfil ideal;
— procurar la ayuda necesaria para hacer la elección.

Si hacemos el esfuerzo de analizar un determinado anuncio, aprenderemos a comprenderlo mejor y con mayor exactitud.

Ejemplo: una pequeña empresa que ofrece servicios de mantenimiento y programación de máquinas de control numérico, necesita contratar a un joven titulado como colaborador de uno de los titulares encargado de gestión de software y asistencia a los clientes. La propiedad de la empresa es en un 50% de capital belga y su sede está en Barcelona.

El perfil del candidato sobre el que la empresa se apoyará para cubrir el puesto de asistente del director técnico, será:

— varón, libre de servicio militar;
— edad entre 23 y 27 años;
— residente en Barcelona o en la zona de Cataluña; disponibilidad para ser trasladado; carnet de conducir;
— título de ingeniero técnico, preferiblemente con especialización en Electrónica y con buenas calificaciones;
— buenos conocimientos de francés; preferentemente con algunos conocimientos de programación.

Cuando este perfil aparezca en el periódico, el anuncio tendrá la siguiente forma:

Sociedad de servicios joven y dinámica, que trabaja en el sector de las máquinas de control numérico. Sede en Barcelona con central en Bruselas. Sucursales también en Francia y en Alemania.
Buscamos un joven

INGENIERO TÉCNICO

para trabajar en el Departamento Técnico, especializado preferiblemente en electrónica.
El cargo exige desarrollar una actividad muy especializada de mantenimiento y desarrollo del software de nuestros clientes en territorio nacional.

Se requiere:
— edad comprendida entre 23 y 27 años;
— libre de servicio militar;
— buenos conocimientos de francés, hablado y escrito;
— facilidad para las relaciones personales;
— disponibilidad para breves traslados.

Se valorarán como rasgos preferenciales el conocimiento del lenguaje de programación C y residencia en Cataluña.

Enviar currículum vitae a:
ABC XYZ, Balmes, 967, 08002 Barcelona

LA LECTURA DE LOS ANUNCIOS

La lectura de un anuncio de búsqueda de personal exige, por tanto, un cuidadoso análisis del texto e implica también extraer una idea clara del perfil que se pide para el candidato; confrontando este perfil con nuestras capacidades, experiencias y expectativas, intentaremos hacernos una idea exacta sobre si el puesto que se ofrece nos interesa y si podemos conseguirlo.

Generalmente se piden datos precisos sobre:

— edad y los años de experiencia anterior, títulos académicos, conocimientos necesarios para desempeñar satisfactoriamente el trabajo que se ofrece;
— algunos breves rasgos sobre el carácter, la disponibilidad y la capacidad de relaciones;
— el sector en el que se trabaja, o las dimensiones de la empresa actual y su localización geográfica;

Tampoco suelen faltar las siguientes informaciones:

— descripción del tipo de trabajo y funciones que se han de desarrollar;
— criterios preferenciales.

Nos las tenemos que haber, de nuevo, con la comunicación escrita, esta vez, por parte del receptor, es decir, el lector. Se trata ahora de un interlocutor muy interesado y muy atento, ya que lo que está en juego es su posible puesto de trabajo.

El redactor del anuncio ha sentido la necesidad de aprovechar al máximo los instrumentos disponibles para transmitir un mensaje conciso, claro y atractivo. Si el redactor ha hecho un buen trabajo, podremos hacernos una primera idea bastante exacta sobre el tipo de empresa que busca nuevos empleados, observando las dimensiones del anuncio y las palabras subrayadas, analizando todo lo que el anuncio dice y todo lo que calla.

La lectura de los anuncios de empresas que buscan personal, es fatigoso, pero puede hacerse menos difícil si se coge el hábito de hojear los periódicos de mayor tirada. En un plazo breve se conseguirá que los grandes nombres de las agencias de consultores nos resulten familiares, así como las técnicas más frecuentes para describir perfiles, la jerga habitual utilizada y las reglas típicas del juego.

Este ejercicio es muy recomendable, aunque sea agotador, ya que es muy útil para comprender con precisión cuáles son los sectores y las tipologías más requeridas y sobre las que se centran, por lo tanto, las mejores ofertas. De esta forma podremos también orientarnos, eventualmente, hacia tipologías profesionales nuevas o las que se están originando desde novedosas exigencias profesionales.

Los fines de semana, sobre todo, aparecen en los diarios más importantes los anuncios de búsqueda de personal, principalmente, los que insertan las grandes agencias de consultores. Entre los anuncios clasificados y bajo las voces «demandas / ofertas», suelen encontrarse la mayor parte de los anuncios de búsqueda de personal puestos directamente por las empresas y son, generalmente, para puestos de niveles inferiores. La consulta de las revistas especializadas en el sector resulta también de interés, tanto para la lectura de los anuncios, como para estar al día sobre las actividades de las empresas.

DÍAS DEDICADOS A LA BÚSQUEDA DE PERSONAL

DIARIO	DÍA
La Vanguardia (Barcelona)	Domingo
El País (nacional)	Domingo
ABC (Madrid y Sevilla)	Domingo
Actualidad Económica (semanario nacional)	Lunes

¿Cuándo responder?

Las preguntas que nos hemos de plantear cuando leemos un anuncio que nos parece interesante, son las siguientes.

- ¿Corresponden mis expectativas a lo que la empresa busca?

- ¿Qué capacidades profesionales, de interés para la empresa y altamente valoradas por ella, puedo ofrecer y cuáles he de dejar momentáneamente de lado, en el caso de ser aceptado para un determinado cargo?

- ¿Puedo aceptar el lugar en que se ofrece el puesto de trabajo?

- ¿Me interesan realmente el puesto ofrecido y sus condiciones?

El sueño de quien ha puesto el anuncio es el de recibir únicamente respuestas de personas que se correspondan perfectamente a la imagen descrita. Sin embargo, es evidente que, al aumentar las precisiones y detalles del perfil profesional, disminuyen en la misma proporción las probabilidades de la empresa para encontrar el candidato ideal. Por ello, es correcto responder a los anuncios que, en términos generales, se corresponden con nuestra experiencia y preparación, o a los que ofrecen empleos a los que creemos que nos podremos adecuar rápidamente.

Volvamos al anuncio de la página 26. La primera impresión es que describe una figura, aparentemente no difícil de encontrar, pero ¿cuántos ingenieros técnicos conocen bien el francés y están dispuestos a viajar, tras un aviso hecho pocas horas antes, a una ciudad que se encuentra a centenares de kilómetros?

La empresa ABC XYZ está buscando a un ingeniero joven, de una edad inferior a 29 años, para asumirlo, presumiblemente, con un contrato que implique actividades de trabajo y formación. Con toda probabilidad, es inútil intentar conseguir este trabajo con una edad superior, pero, quizá, una edad inferior a los 23 años no represente una dificultad tan grande.

Por otra parte, está claro que el mantenimiento directo de las instalaciones, requiere la disponibilidad de responder a las emergencias que se den en todo el territorio nacional, día y noche, incluyendo quizá, también los sábados y domingos. Un compromiso serio con otro tipo de actividades extraprofesionales podría no ser compatible con este tipo de trabajo. Por el mismo motivo, entre líneas, se puede adivinar también que las preferencias se inclinan por un hombre.

La propiedad belga de la empresa implica un buen conocimiento del francés. No es posible dominar este idioma en un brevísimo plazo de tiempo; así pues, es inútil responder a tal anuncio si no se ha estudiado francés y no se tienen conocimientos, más o menos sólidos, de esta lengua. Por el contrario, una formación científica seria, unida a un par de años en el sector de la automatización industrial y un buen nivel de francés, podrían resultar interesantes para la empresa, en caso de que el resto de los ingenieros técnicos que se presenten, no cumpliesen con todos los requisitos.

En conclusión, se ha de hacer un cuidadoso balance de los pros y de los contras. Si el puesto nos interesa realmente y poseemos la mayor parte de las características requeridas, intentemos conseguir la entrevista.

¿Cómo elaborar la respuesta?

Cuando creamos haber comprendido claramente a quién está buscando la empresa que ha publicado el anuncio, y una vez que hayamos llegado a la conclusión de que poseemos las características adecuadas para responder satisfactoriamente a las exigencias pedidas, podemos redactar un currículum que sea interesante para el destinatario.

Hemos de elaborar un sincero balance sobre nosotros mismos, sobre nuestros estudios, nuestras preferencias y nuestras experiencias, de tal forma que suscite en nuestro interlocutor el deseo de saber más sobre nuestra propia persona. En esta fase estamos intentando, precisamente, convencerle para que nos conceda una entrevista. El currículum puede compararse con una fotografía, por ello se buscará el lado más fotogénico de nuestro perfil, con el fin de hacerlo atractivo. Lo hemos de repetir una vez más: es necesario cuidar con todo detalle el texto que se escribe y las palabras que se emplean, según quién sea el interlocutor.

Por tanto, el administrador que responde a un anuncio que busca cubrir un puesto «de alta responsabilidad», subrayará de forma particular su experiencia en los puestos administrativos de una sociedad, más que la experiencia, quizá más reciente, de empleado en la gestión contable de un almacén.

También es importante la carta que acompaña al currículum, ya que estas líneas revelan mucho de quien las escribe, de su estilo y de la conciencia de sus propias posibilidades. Un administrador que habla de contabilidad y finanzas con términos aproximativos o, peor todavía, incorrectos, es tan imperdonable como un presunto diseñador creativo que se exprese de forma absolutamente burocrática.

Hemos de situarnos en la sintonía del lector y ser coherentes con sus expectativas. Este es el momento de poner en práctica la receta que hemos elaborado en el primer capítulo.

Para no correr el riesgo de ser superficiales, es necesario elegir cuidadosamente las palabras. Para conseguirlo puede ser útil la consulta del vocabulario que se ofrece en la página 175, que propone una serie de verbos adecuados con la traducción a las diversas lenguas en las que se han escrito algunos de los currículum de ejemplo que ofrecemos en este libro, es decir, inglés, francés, alemán, italiano y portugués.

EL CURRÍCULUM VITAE

Antes de analizar punto por punto lo que hemos de escribir en nuestro currículum, es necesario darnos cuenta de que estamos realizando un acto de gran importancia para conseguir un objetivo fundamental en nuestra vida.

Cuando escribimos una carta, o incluso una tarjeta postal, nos esforzamos en cada ocasión por encontrar novedades que contar o inspiradas formas de saludo. Es, con mayor razón, una norma de prudencia dedicar más tiempo y atención a la presentación de nosotros mismos, desde el momento en que esta presentación puede determinar de una forma tan sensible nuestro propio futuro.

¿A quién escribimos? ¿Basta seguir el orden cronológico a la hora de elaborar el esquema que contiene las informaciones sobre nuestros estudios y nuestras características personales, o es necesario adaptarlo, vez por vez, según el posible lector? Puede darse que intentemos escribir la carta de presentación de modo que quien lea tenga la impresión de que ha sido pensada y escrita cuidadosamente para esta ocasión, pero por otra parte, el currículum vitae no posee las mismas evidencias, y no se presenta tan cautivador e interesante al destinatario, dejando de corresponderse con las expectativas creadas en la carta.

VENDERSE AL MEJOR POSTOR
PARA ENCONTRAR EL MEJOR TRABAJO

Aunque este subtítulo suene de forma poco agradable, para encontrar un trabajo es necesario «venderse». Es decir, hemos de manifestar lo mejor de nosotros mismos para superar a los competidores y conseguir ser elegidos, evitando el riesgo de no conseguir el trabajo que nos interesa, sobre todo, si este riesgo nace del hecho de no haber realizado todo lo que estaba en nuestra mano para conseguirlo.

No es raro encontrar grandes resistencias sobre este aspecto, sobre todo por parte de jóvenes con poca experiencia que creen más correcta una actitud distante y pasiva del siguiente tipo: «quien me quiera ha de elegirme como soy». Desgraciadamente los tesoros escondidos, que finalmente se descubren tras largos trabajos y dificultades, ya no están de moda. Actualmente la oferta de trabajo es particularmente escasa y, por tanto, el mercado es muy competitivo. Es necesario meterse de lleno en esta batalla o arriesgarse a quedar fuera del juego.

De todas formas, «venderse» no significa rebajarse a cualquier tipo de pacto, sino que significa, por el contrario, hacer un análisis detallado de nuestros puntos fuertes y de los débiles, intentando evidenciar los primeros de forma que prevalezcan sobre los segundos. En una determinada empresa, nuestras características, capacidades y competencias, pueden ser utilizadas ventajosamente sobre otros rasgos determinados. Y debemos apoyarnos sobre estas fuerzas positivas para organizar nuestra estrategia de acción.

Probabilidad de éxito en las respuestas a un anuncio

¿Cuál es el destino de nuestras respuestas a los anuncios de búsqueda de personal? Muchas de ellas no reciben ningún tipo de contrarrespuesta, ni siquiera negativa. Después de haber analizado las posibles causas de ausencia de éxito, veamos en la figura de la página 32 lo que nos dicen las estadísticas.

ACTUAR POR CUENTA PROPIA CON UN ANUNCIO DE DEMANDA DE EMPLEO

¿Por qué no intentar publicar un anuncio propio para conseguir el empleo que deseamos? Se puede afirmar que esta es una forma extrema de currículum vitae; el estilo ha de ser telegráfico: el anuncio tiene que ser muy breve, y no sólo por motivos económicos.

En un espacio de 15 o 20 palabras hemos de comunicar:

— edad;
— títulos académicos;
— experiencia y/o sector del que se proviene;
— conocimientos y/o actitudes;
— expectativas.

Como base de la redacción del anuncio se encuentra, de hecho, nuestro propio perfil que ha de tener en cuenta tanto nuestra personalidad como todo lo que conocemos y sabemos hacer.

El hipotético lector del anuncio ha de comprender quiénes somos y lo que estamos buscando: en un encuentro posterior se le podrá explicar por qué hemos hecho determinadas opciones, por qué queremos cambiar de puesto de trabajo, qué creemos que podemos ofrecer a la empresa que nos acoja y con qué criterios elegimos el nuevo puesto de trabajo.

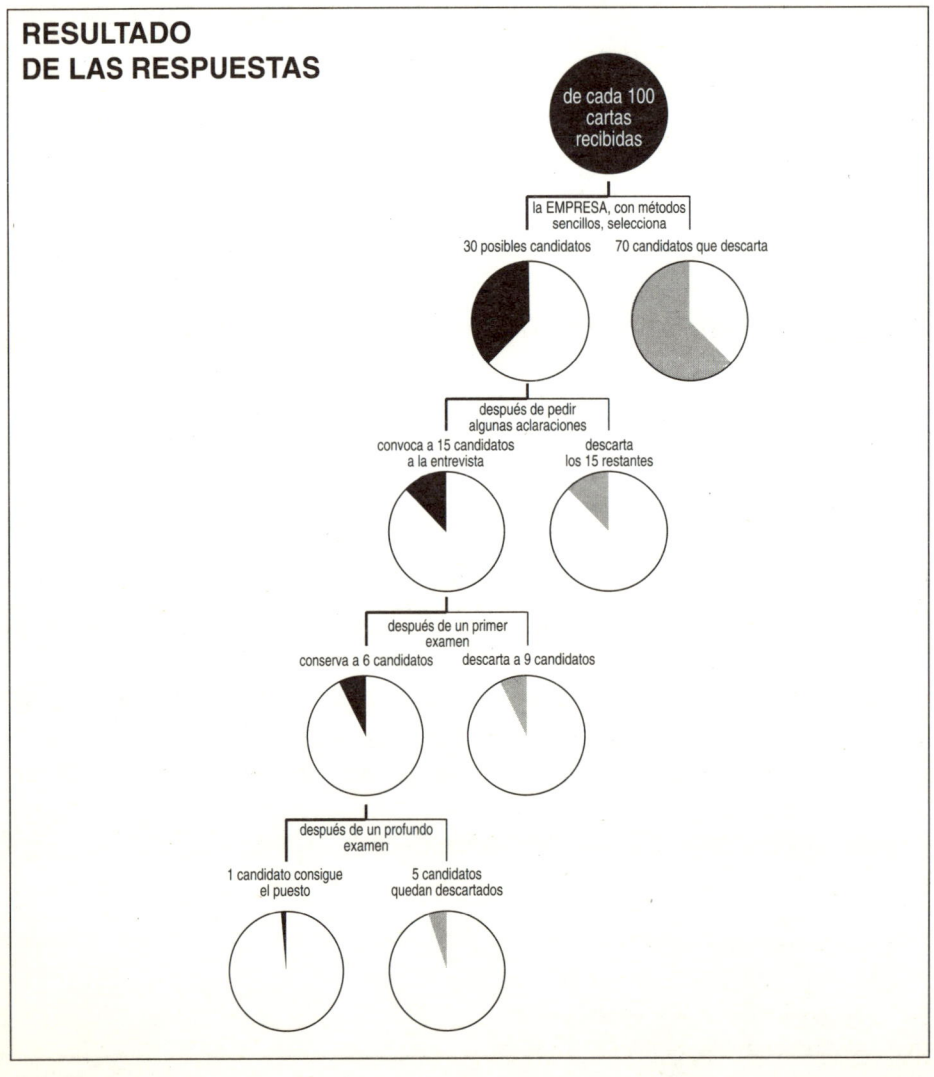

Un ejemplo

NO
Diplomada en idiomas, experiencia de varios años, nivel de inglés óptimo, conocimientos de WP 5.1, atenderá las propuestas hechas por empresas informáticas.

Por la lectura de este anuncio no se puede conocer la edad, el sexo, el tipo de responsabilidades ejercidas anteriormente, las esperanzas que se tienen en el nuevo empleo. Es siempre mejor comenzar por la redacción del perfil profesional propio.

EL PERFIL DEL ANUNCIANTE

Se trata, en nuestro caso, de una secretaria de una empresa de informática, con una experiencia de cinco a ocho años y un título de idiomas, que puede responder al teléfono en inglés y conoce un tratamiento de textos. Busca una oportunidad en el departamento comercial de una empresa del mismo sector.

EL ANUNCIO CORRECTO

Diplomada de 25 años, óptimo nivel de inglés, conocimiento del WP 5.1, varios años de experiencia en el sector informático, atenderá a las propuestas del área comercial.

Esta nueva versión expresa claramente los objetivos de la candidata y quien quiera establecer contacto con ella, sabe de antemano con quién se ha de entender.

Pongamos todavía otro ejemplo de demanda de empleo. Tomemos como ejemplo al joven ingeniero técnico, cuyo perfil hemos dibujado en la página 26, y que busca su primer empleo sin preferencias específicas sobre determinado sector. Tendría que escribir:

Ingeniero técnico en la rama electrónica, con excelente calificación, de 23 años, servicio militar cumplido, buen conocimiento del francés y de la tecnología de PC, con carnet de conducir, busca empleo.

3

El currículum vitae: estructura y criterios de redacción

¿PLANIFICAR O COGER LAS OPORTUNIDADES AL VUELO?

«Tráigame su currículum, por favor.» ¿Quién no ha experimentado una sensación de desasosiego al oír esta frase y encontrarse en la necesidad de tener que escribir la propia historia académica y profesional sobre unas cuartillas en blanco? Tal malestar no proviene tan sólo de la dificultad que representa el hecho de escribir, de lo que ya hemos hablado en el capítulo primero, sino, sobre todo, de la poca costumbre que tenemos de definir y valorar de forma imparcial nuestras propias capacidades, nuestras actividades y nuestros objetivos profesionales.

Existen personas que han sabido siempre lo que querían ser «cuando fueran mayores», o bien, que han construido a lo largo de su vida y de forma clarividente el plan de su propia carrera, consiguiendo después seguirlo coherentemente, cumpliendo los plazos y los objetivos que se han propuesto sobre su propia carrera, sobre sus remuneraciones y sobre las capacidades que deseaban adquirir. En estos casos, el currículum es una sucesión de estudios, actividades y cambios, unidos por una lógica interna y que expresan un proyecto claramente definido. Sin embargo, es más bien raro que todo sea tan sencillo.

Es mucho más frecuente encontrar a quien ha elegido la misma facultad que su hermano o sus amigos, sin analizar sus propias inclinaciones y capacidades; o bien, se ha inclinado por la opción que le parecía más interesante desde el punto de vista económico, profesional o personal; o incluso, se ha visto forzado a optar por la única que podía en un determinado momento, por lo que el currículum puede parecer, a los ojos del lector, una secuencia poco coherente o incompleta de opciones y actividades distintas.

En nuestro currículum se ha de escribir, pues, **de forma homogénea,** todas aquellas informaciones que suponemos o creemos que serán de utilidad para conseguir un determinado tipo de empleo. La ponderación e importancia que demos a los diversos datos es una opción estrictamente personal y siempre en función de la imagen que intentemos transmitir.

TODO CUANTO QUEREMOS DECIR

La escritura posee frente a la entrevista personal la ventaja de poder resistir mejor a la tentación de decir todo y de forma desordenada: es absolutamente claro que si queremos conseguir las mejores posibilidades, conseguiremos mejor nuestro objetivo y tendremos más probabilidades de éxito, si hacemos un poco de ejercicio en la difícil tarea de «relatarnos» a nosotros mismos.

La tentación que fácilmente se experimenta frente a un entrevistador, que se supone generalmente que es un psicólogo, es la de manifestar una disponibilidad mayor para abrirnos y contar nuestros problemas. Es cierto que un especialista puede sernos de mayor ayuda que otros para enfocar y superar algunas dificultades personales, pero el momento de la entrevista **no es, precisamente, el momento adecuado.**

La selección es la fase en la que la empresa valora las potencialidades y las capacidades de una persona, respecto a las exigencias de la organización; por otra parte, el candidato ha de valorar si la posición que se le ofrece es de su agrado y de su interés.

Se deberá, pues, decir y preguntar todo lo que se considera necesario para favorecer la comprensión de lo que se espera de él y de lo que podrá recibir a cambio.

Por tanto, en esta situación, la sinceridad y la transparencia son los instrumentos esenciales del contrato: el equilibrio entre un comportamiento serio o ingenuo, y una actitud demasiado elaborada o claramente insostenible, es la clave para conseguir el triunfo.

EL CURRÍCULUM NO ES UNA CARTA

Póngamonos en el puesto del seleccionador, que ha de leer decenas de respuestas a su anuncio, intentando reconocer entre líneas el perfil del candidato ideal, tal como lo ha concebido en su mente.

No escribamos una carta que le explique por qué hemos decidido presentarnos para un determinado empleo y, sin embargo, no le diga cuál es nuestra edad o si, en realidad, tenemos la experiencia que se pide.

Ayudémosle con un esquema, a través del cual pueda fácilmente encontrar todas las informaciones necesarias y, al mismo tiempo, pueda entender que somos, realmente, el candidato que se ajusta al puesto que se ofrece.

Es evidente que existen muchas formas de escribir un currículum, y cada uno puede elaborar uno con su estilo personal, pero sin olvidar algunas reglas básicas; en este capítulo analizaremos detalladamente los contenidos de un buen currículum vitae.

Cuidar la primera impresión

El sobre que llegará a la mesa del seleccionador ha de ser blanco y, se ha de procurar que sea de formato «americano», es decir, el sobre «apaisado» que permite doblar el folio en tres partes (véase la figura de pie de página).

En el sobre se ha de escribir la dirección del destinatario en la parte inferior derecha y, si se cree oportuno y necesario, puede escribirse, en la parte inferior izquierda, la expresión «Confidencial». En la parte posterior del sobre se escribe el remite, con la propia dirección completa.

En el interior del sobre se envían los folios del currículum, doblados de forma que la parte superior del primero de ellos pueda ser leída. El currículum se ha de escribir en papel blanco, de buena calidad y en el formato estándar A-4; el currículum puede enviarse fotocopiado, pero la carta de acompañamiento, por el contrario, ha de ser siempre enviada en original.

En caso de que la carta se escriba a mano, el color de la tinta ha de ser azul o negro, y se ha de usar una pluma estilográfica o un bolígrafo de buena calidad.

El currículum se ha de escribir en el mismo idioma en que ha sido redactado el anuncio. Debe ser escrito en primera persona e incluso en forma impersonal; se ha de evitar absolutamente el uso de la tercera persona.

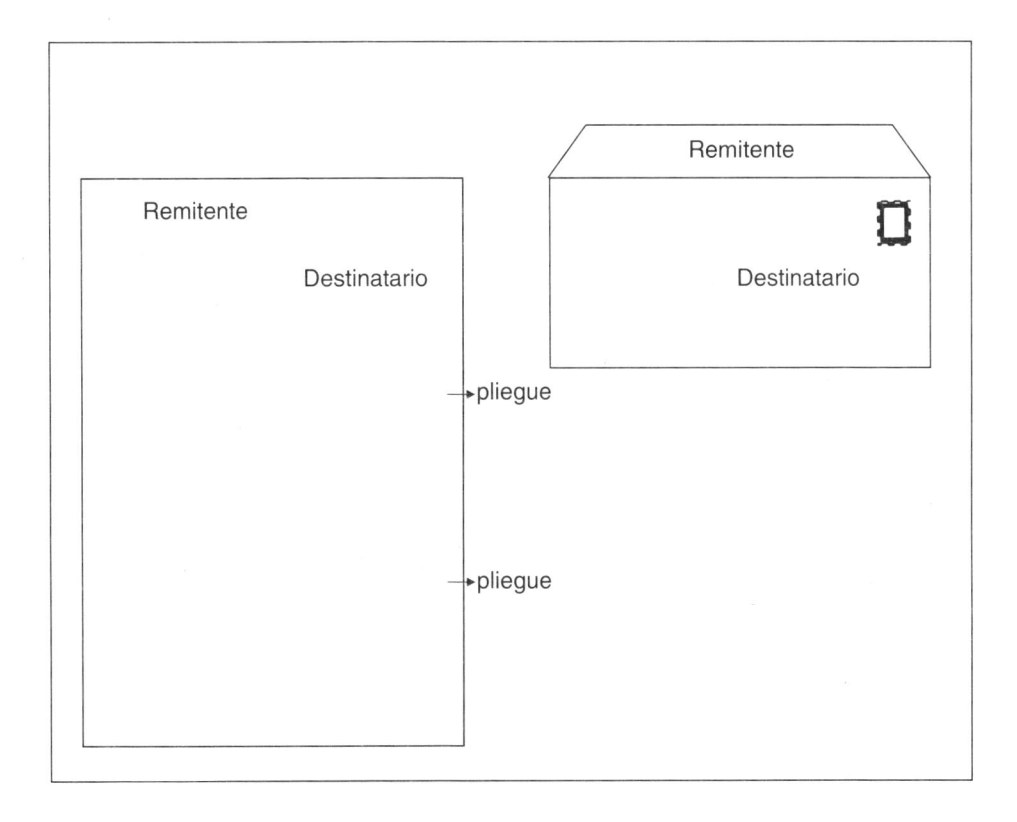

1990: Curso de especialización en Marketing, titulado MARKETING PARA EL FUTURO. Duración: 120 horas. Instituto de Marketing Internacional, Barcelona.

O bien:

Durante el año 1990 he participado en el curso MARKETING PARA EL FUTURO, de 120 horas de duración, en el Instituto de Marketing Internacional, de Barcelona.

La presentación gráfica

En todo caso y más allá de los contenidos, es realmente decisivo el impacto visual inmediato: el currículum ha de estar bien confeccionado, incluso gráficamente, de forma equilibrada y armoniosa.

Los elementos clave en este orden de cosas son la sencillez y la claridad. Se ha de utilizar la presentación gráfica como un instrumento para llamar la atención del lector sobre los elementos que juzgamos más importantes.

Tenemos delante un par de folios que se han de dividir en tres secciones; cada una de ellas ha de ser claramente reconocible y ha de tener un título diferente del resto del texto, usando, por ejemplo, el subrayado, la negrita, caracteres de mayor tamaño, etc. (cf. figs. de las págs. 41 y 42).

Todos los bloques han de tener los mismos márgenes y el mismo estilo; es posible presentar de forma distinta las informaciones que juzgamos prioritarias, a fin de resaltarlas, como el nombre y apellidos, la experiencia profesional u otros datos. Más adelante veremos ejemplos de currículum que siguen criterios gráficos distintos.

No más de tres folios

¿Únicamente tres folios? Decididamente sí, ya que tres folios son suficientes para escribir incluso un currículum con una larga experiencia de trabajo, organizada y sobresaliente; en caso de que se necesite incluir un cierto número de detalles importantes, estos se escribirán sobre otros folios aparte.

Se ha de escribir, pues, el currículum en **uno** o **dos** folios, según la extensión e importancia de la experiencia profesional, y dividiéndolo en tres secciones personales:

DATOS CENSALES O PERSONALES
ESTUDIOS Y FORMACIÓN
EXPERIENCIA PROFESIONAL

El currículum vitae: estructura y criterios de redacción 41

CURRÍCULUM (1.ᵉʳ y 2.º folios)

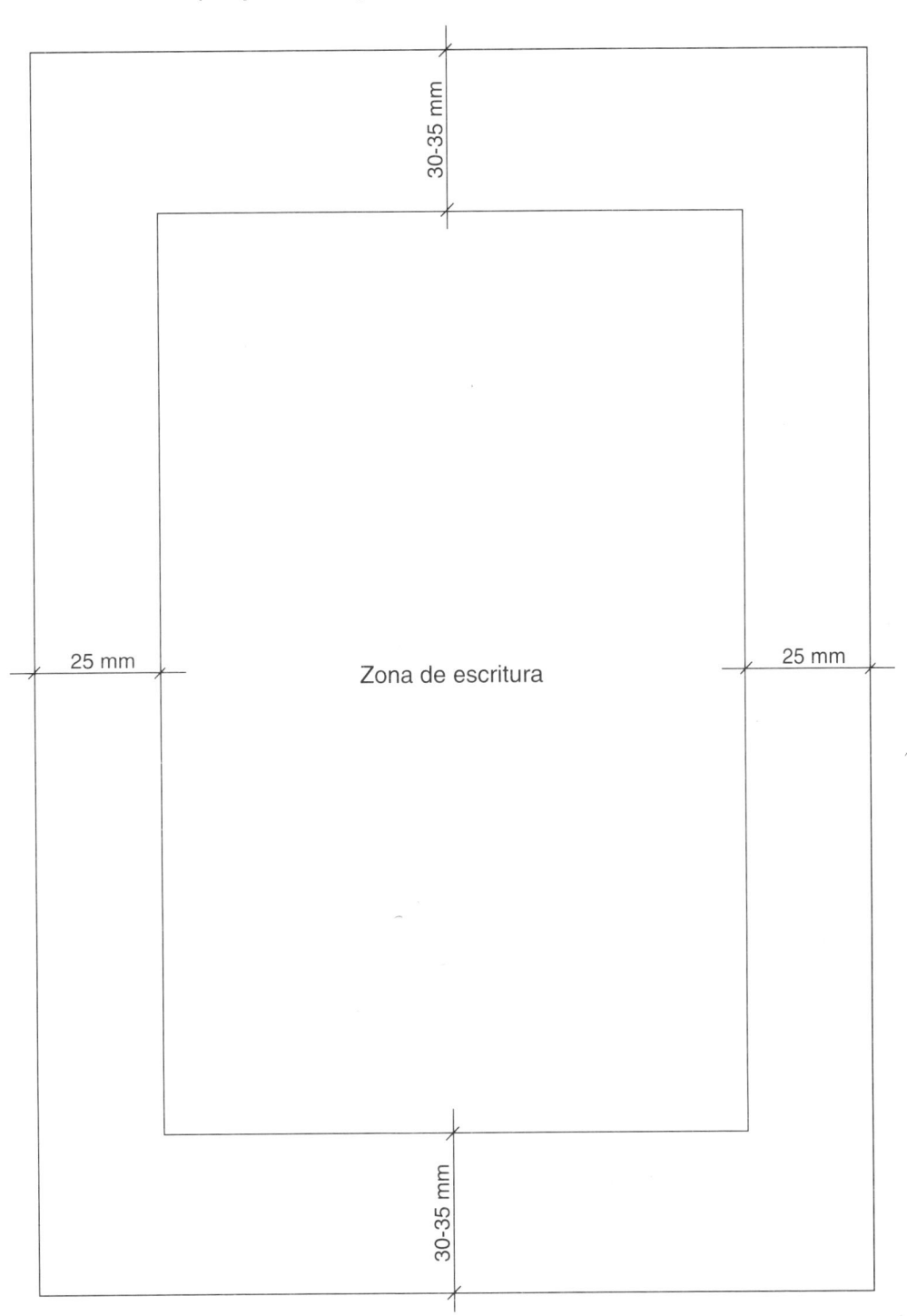

30-35 mm

25 mm   Zona de escritura   25 mm

30-35 mm

CARTA DE ACOMPAÑAMIENTO (3.ᵉʳ folio)

Nombre y apellidos
Dirección privada
Prefijo / Teléfono

Ciudad, fecha

Dirección del destinatario

Asunto: ....
....

Texto

Firma ......

Se adjunta, núm.1: currículum vitae
núm. 2: ....

El **tercer** folio queda reservado para la carta de acompañamiento. No se ha de incluir nada más, ya que, como hemos dicho, con este primer contacto se cumple el objetivo de manifestar nuestro interés por un determinado puesto y conseguir una entrevista personal.

No es necesario, a menos que no se pida de forma explícita, añadir las fotocopias de diplomas, documentos o fotografías.

Es difícil decir cuál de estas páginas tiene un peso mayor: depende de la importancia que el seleccionador dé a las características personales frente a las capacidades y a los conocimientos: esto último se ha de intentar comprender a partir de la lectura del anuncio de búsqueda de personal.

Antes de enviar el currículum

El receptor de nuestro currículum no puede llevarse la impresión de que hemos respondido de forma superficial o apresurada: dediquemos, pues, el tiempo necesario para presentarnos de la forma más adecuada.

No hemos de tener prisas para enviar nuestro currículum: dejémoslo descansar sobre nuestra mesa de trabajo un día y leámoslo después, comparándolo con la lista de control que se ofrece en el último capítulo del libro: nos ayudará a evitar los descuidos y los errores más comunes. Todavía mejor, dejemos que alguien lo lea y pidámosle su parecer sobre la forma y los contenidos: ¿podremos conseguir una entrevista con tal currículum?

Enviemos la carta con el franqueo normal, a no ser que se haya pedido hacerlo de otro modo; en los últimos tiempos se está extendiendo la costumbre de pedir que el currículum se envíe también por fax: si no tenemos un aparato de fax a nuestra disposición, podemos acudir a las oficinas de correos o a los particulares que ofrecen tal servicio.

LAS CARACTERÍSTICAS DE UN CURRÍCULUM VITAE CON ÉXITO

El currículum vitae exitoso es siempre:

FÁCIL DE LEER

responde a las necesidades de quien lo lee;

GRÁFICAMENTE AGRADABLE

su estructura gráfica ayuda también al lector; no existen, en absoluto, errores, manchas o imprecisiones;

EQUILIBRADO EN SU TONO

ha de ser creíble, no se ha de vender uno demasiado,
pero tampoco es aconsejable minusvalorarse;

HOMOGÉNEO

trata de forma uniforme todas las informaciones que se dan:
las fechas, los lugares y las direcciones son tratadas
siempre de la misma manera;

COMPLETO

da impresión de presentar todo, aunque hayamos juzgado
oportuno evitar algunos datos carentes de importancia
o no acordes con el resto;

ORIGINAL

ha de distinguirse de los otros currículum por su estilo,
experiencias, presentación gráfica, o cualquier otra cosa
que pueda atraer la atención del seleccionador.
Finalmente, un elemento muy importante es:

QUE DÉ RESPUESTA A LAS «NECESIDADES» DE LA EMPRESA

quien lo lea ha de pensar: «Esta es la persona que estamos
buscando», o bien, «Quisiera conocer a esta persona», o bien,
«Este joven posee un potencial que podemos valorar»; en resumen,
ha de suscitar el deseo del encuentro.

LA ESTRUCTURA DEL CURRÍCULUM VITAE

1. DATOS PERSONALES

1.1 Nombre y APELLIDOS	
1.2 Lugar y fecha de nacimiento	
1.3 Estado civil	
1.4 Profesión de los padres y hermanos	NO
1.5 Nacionalidad	NO
1.6 Situación militar	
1.7 Dirección	

1.8	Lugar de contacto / Domicilio	
1.9	Teléfono	
1.10	Datos físicos	NO
1.11	Pertenencia a categorías especiales o primadas	NO
1.12	Fotografía	NO

2. EXPERIENCIAS ACADÉMICAS Y DE FORMACIÓN

2.1	Título de escuela superior
2.2	Licenciatura universitaria o doctorado
2.3	Estudios incompletos o interrumpidos
2.4	Capacitación para la profesión
2.5	Cursos de formación
2.6	Cursos de idiomas
2.7	Becas de estudio

3. IDIOMAS

3.1	Nivel de conocimiento, capacidades

4. EXPERIENCIA PROFESIONAL

4.1	Prácticas en empresa
4.2	Experiencias positivas
4.3	Aprendizaje y tiempo de prácticas
4.4	Trabajos anteriores
4.5	Trabajo u ocupación actual

5. OTRAS INFORMACIONES

5.1	Otros conocimientos	
5.2	Estancias en el extranjero	
5.3	Retribución salarial actual	
5.4	Disponibilidad para ser trasladado	
5.5	Hobbies e intereses personales	
5.6	Vida social	
5.7	Referencias	**NO**
5.8	Otras informaciones varias	

Los datos personales

Esta ficha ha de retratarnos de forma precisa, dado que sólo contiene datos factuales. Se puede actuar más libremente sólo en caso de que se decida incluir o no algunos detalles.

En la forma de plantear nuestro currículum, se ha de elegir fecharlo o no, es decir, si se dan informaciones de forma que, incluso en el caso de que sea leído después de algunos años, tales datos no sean ya caducos; de hecho, el currículum se escribe para destinatarios concretos: es necesario, pues, ponerlo al día sólo de vez en cuando.

Si decidimos escribir, por ejemplo:

He obtenido la licenciatura hace tres años y siempre me he dedicado al marketing,

hemos de acordarnos de rectificar el número de años desde que se ha conseguido el título universitario; sin embargo, también podemos escribir:

Desde 1989 me dedico al marketing.

Tal dato, evidentemente, no necesita previsiblemente ningún tipo de modificación.

NOMBRE Y APELLIDOS

El nombre ha de preceder a los apellidos, que se escriben en mayúsculas, sobre todo, si existe la posibilidad de confusión. Las mujeres usarán sus propios apellidos, y no los del esposo.

El nombre no será precedido de títulos ni rangos.

Antonio AGUSTÍN PÉREZ

LUGAR Y FECHA DE NACIMIENTO

Por lo que se refiere al lugar de nacimiento, se ha de indicar el municipio, seguido de la provincia, en caso necesario, o bien, del nombre de la nación, en caso de tratarse de un país extranjero:

Arévalo (Ávila)
Metz (Francia)

ESTADO CIVIL

Se ha de indicar con la terminología habitual: soltero/a; casado/a; separado/a; divorciado/a; viudo/a.
Puede indicarse también el nombre del cónyuge, su profesión, el número de hijos y sus respectivas edades:

Casado con María Camps, profesora; 1 hijo (1990; o bien: 3 años).

El estado civil tiene una importancia particular si, por ejemplo, los hijos están en edad escolar y pueden representar una dificultad para posibles traslados. Las mujeres casadas, además, pueden tener serios problemas de movilidad o incluso para ser contratadas en algunas empresas, por temor a su posible maternidad o, a veces, pueden ser consideradas con menos ventajas frente a otras candidatas que no tengan compromisos familiares.
Es cierto que el objetivo de un currículum vitae es, precisamente, conseguir una entrevista y, quizá, omitiendo estos datos, es más fácil de lograr en algunos casos. En caso de que se posean realmente todas las características y la experiencia profesional que la empresa requiere, el hecho de estar casada no suele ser, generalmente, tan penalizado.

PROFESIÓN DE LOS PADRES Y LOS HERMANOS

Es una información que, generalmente, se pide en la fase de la selección, pero no es habitual indicarla en el currículum.

NACIONALIDAD

Es oportuno indicarla únicamente en caso de ser distinta de la del país en el que se habita, o bien, si la nacionalidad es doble.

Nacionalidad: española y francesa;

o bien:

Nacionalidad: francesa desde 1987.

En los mismos casos, es también oportuno indicar la nacionalidad del cónyuge.

SITUACIÓN MILITAR

Se ha de especificar el período, el cuerpo y el grado, pero únicamente si se es joven, incluso para justificar también el período de discontinuidad en el mundo del trabajo. Es, además, interesante indicar actividades particulares o las responsabilidades que se han desempeñado:

De noviembre de 1990 a noviembre de 1991: servicio militar. Infantería y destinado a la Administración militar.

DIRECCIÓN

La dirección, normalmente la de la residencia habitual, ha de ser completa, incluyendo el código postal; puede bastar también indicar el lugar donde uno puede ser fácilmente encontrado.

Si por motivos de trabajo o de estudio nos encontramos temporalmente fuera de casa, podemos indicar también el domicilio temporal:

Dirección: c/ Mallorca, 79, 28012 MADRID;
Temporalmente: c/ Balmes, 247, 08006 BARCELONA.

NÚMERO DE TELÉFONO

No es raro encontrarse con currículum sin número de teléfono. Tal eventualidad representa, evidentemente, un obstáculo para quien desea ponerse en contacto con nosotros.

Es importante indicar siempre el número de teléfono del domicilio, y si no existen dificultades, también el del despacho y, eventualmente, como lugar de contacto, también el de los padres u otras personas cercanas a nosotros. Todos los números han de ser precedidos del prefijo.

Sin embargo, no es oportuno especificar las franjas horarias en las que somos localizables:

Teléfono: 93/1234567   domicilio
*   93/7654321   despacho*
*   93/4321098   posible localización*

Datos físicos

La altura, el peso y otros datos no son necesarios y, en todo caso, pueden darse posteriormente.

Pertenencia a categorías personales

Puede ser útil indicar una posible invalidez. No es raro que, en determinados casos, se prefiera contratar una persona con determinadas características, a fin de cumplir con ciertos requisitos legales o conseguir también las ventajas fiscales previstas por determinados planes promocionales de empleo.

Fotografías

No se han de enviar fotografías, a no ser que se pidan expresamente; en este caso, se ha de enviar una foto **reciente,** de tamaño carnet.

Para algunos puestos, frecuentemente para aquellos que exigen un contacto con el público, se pide, de hecho, una buena presencia: la fotografía deberá, pues, ser de una calidad óptima, realizada por un profesional y reflejarnos de una forma realista.

Experiencia académica y de formación

Los éxitos obtenidos durante el tiempo de estudios y la participación en cursos de formación y de perfeccionamiento, son un buen índice de nuestras opciones y del sentido de la inversión que hemos realizado a fin de construir nuestro propio perfil y destino profesionales.

Ya hemos subrayado antes que en la escuela falta una orientación adecuada al mundo del trabajo, dejando todavía esta función principalmente en manos de la familia, por lo que, frecuentemente, ocurre que el ir avanzando en cursos superiores e incluso la matriculación en la universidad, no es coherente con las salidas profesionales futuras.

Los cursos de especialización tienen como objetivo impartir e integrar conocimientos técnicos, o también profundizar temas y métodos de trabajo que la escuela no proporciona. De hecho, la formación permanente tiene como objetivo perfeccionar las capacidades de cada individuo en función de las responsabilidades que ha de desempeñar en el ámbito de su profesión.

Es evidente que esta sección del currículum es de fundamental importancia para los jóvenes, cuya experiencia de trabajo es limitada. Según vaya incrementándose el peso de las experiencias profesionales, los cursos de formación seguirán siendo importantes, sobre todo, si son coherentes con el perfil profesional que se pide.

Ya hemos dicho que un buen currículum ha de ser homogéneo, es decir, ha de tratar los datos siempre uniformemente y, por tanto, en el mismo orden. Sobre los diplomas conseguidos y los cursos que se han realizado, hemos de indicar:

— la *fecha,* con el mes y el año del curso escolar o académico en que se han cursado. No se ha de precisar, en cambio, la fecha que figura en el diploma que, a veces, es distinta de la fecha en que se ha conseguido, aunque sí la fecha en que se ha realizado el examen final:

21.03.92, curso 1991-1992; 1990, etc.

— *la duración* de los cursos de formación:

*duración: 13 meses;
una semana;
9 meses a tiempo parcial (120 horas);*

— *el **lugar y el instituto*** en el que se ha conseguido el diploma:

*Barcelona, Instituto de Ciencias Empresariales;
Fontainebleau (Francia), INSEAD*

— *la **calificación*** que se ha obtenido. Se puede suprimir en caso de que sea muy baja; si se utiliza como uno de los parámetros para la selección, el omitirla podría servir también, quizá, para conseguir ser convocados de todas formas a una entrevista:

Calificación: 10, matrícula de honor.

Es fácil comprender las dificultades que encuentra un seleccionador que ha de leer una relación de datos como la siguiente:

NO

FORMACIÓN ACADÉMICA

**Título de Bachillerato en el Instituto Ramiro de Maeztu, el 19.06.86.
1992. Universidad de Barcelona, Licenciatura en Ingeniería.
Calificación: 9.
Curso de Inglés, British School, de 1987 a 1988.**

Tener que leer informaciones diversas y escritas en un orden casual y sin criterio, es fatigoso e irritante, y no ayuda, en absoluto, a analizarlas de una forma orgánica; además, si no se sigue un criterio, es fácil olvidar datos significativos.

Hagamos un esquema con las informaciones anteriores y utilicemos una forma sistemática de pensar.

Entonces, escribiríamos, por ejemplo:

FORMACIÓN ACADÉMICA

1984, Título de Bachillerato, Instituto Ramiro de Maeztu, Barcelona.

1992, Licenciatura en Ingeniería **electrónica, Universidad Politécnica,** *Barcelona. Calificación: sobresaliente (9).*

1986-1988, Curso de inglés en la British School, **Barcelona.**

Las informaciones que son útiles para crear un cuadro completo de la propia formación académica figuran en letra negrita. Más adelante veremos cómo una buena, cuidada y original presentación gráfica, además de llamar la atención sobre lo que nos parece más importante, hace la lectura mucho más agradable.

CERTIFICADOS ACADÉMICOS

No es necesario citar los títulos de enseñanza obligatoria, a no ser que sean los únicos que se poseen.

Sin embargo, sí que se ha de indicar el título de bachillerato, el año en que se ha conseguido y, a libre elección, también el instituto, la ciudad y la nota final; en este caso el nombre del instituto no es demasiado importante, a no ser que se trate de un instituto muy significativo.

Sin embargo, sí que es importante indicar la especialidad que se ha cursado:

Ingeniero técnico, especialización en electrónica. Título conseguido en 1990; calificación: sobresaliente (9).

LICENCIATURA Y DOCTORADO

Cuando se ha conseguido un título universitario (licenciatura o doctorado), es oportuno indicar la universidad y la ciudad en que se han cursado los estudios, además de la especialización. En caso de que no sea evidente la facultad en que se han cursado los estudios, es también necesario indicarla.

Sólo los doctorados jóvenes han de citar el título de su tesis, ya que se ven obligados a subrayar su propia especialidad; los mismos criterios sirven para el tratamiento de la eventual tesina de licenciatura:

1990: Doctor en Historia Moderna, Universidad de Barcelona, Facultad de Historia; calificación cum laude.

o bien:

1990: Licenciado en Química, Universidad de Barcelona. Calificación: notable.

Estudios incompletos o interrumpidos

Por diversos motivos, sólo un 10% de los estudiantes que se matriculan en la universidad, terminan el doctorado. Ello significa que muchos estudiantes han dedicado tiempo y esfuerzos a una actividad que no puede ser refrendada por el último y más alto título académico, pero que, sin lugar a dudas, ha contribuido a su formación.

Como en los casos anteriores, se ha de indicar, también en esta situación, los años, la facultad, y en este caso, los cursos académicos realizados y los exámenes realizados:

1987-1990: Facultad de Física, Universidad de Barcelona. Realizados tres cursos, y superados doce exámenes.

O bien:

Asistencia de dos cursos a la Facultad de Filología de la Universidad de Barcelona.

Capacitación para ejercer actividades profesionales

Si se han superado algún tipo de pruebas para ejercer profesiones autónomas y libres, es conveniente indicar siempre qué tipo de preparación se ha hecho, cuándo y dónde:

1991: Curso de capacitación para el ejercicio de electricista industrial; Instituto Politécnico de Zaragoza.

CURSOS DE FORMACIÓN

En esta sección se han de indicar aquellos cursos por los que se han adquirido o perfeccionado conocimientos relacionados con nuestra profesión. De nuevo hemos de repetir que, según nuestros objetivos, hemos de pensar bien qué es lo que subrayamos o incluso la conveniencia o no de indicar algunas actividades. No citaremos, por ejemplo, un seminario realizado sobre «el arte de la colección de objetos antiguos», a no ser que optemos a una plaza como colaboradores de una revista especializada de decoración u optemos a un puesto de trabajo en una agencia de subastas.

La aspirante a responsable comercial de una empresa no citará el curso de mecanografía que realizó apenas terminó sus estudios universitarios. Diremos todo lo que es necesario para el puesto de trabajo que se aspira conseguir, eliminando todo cuanto es superfluo y evitando cualquier incongruencia.

Muchos jóvenes licenciados han asistido a algunos cursos de informática, tanto sobre programación como sobre el uso de los programas más usuales en el mundo empresarial. La familiaridad con los procedimientos informáticos es siempre un punto a favor y, por ello, tales cursos se han de indicar siempre.

Pero también es necesario especificar, en estos casos, el tipo de curso, la duración y el instituto.

De noviembre de 1990 a junio de 1991: Curso de MS DOS y Lotus 123, a tiempo parcial (200 horas), en el Instituto «Informática activa», de Burgos.

O bien:

Curso «La programación en el entorno DOS», de seis meses de duración (marzo 1990 - septiembre 1990), a tiempo completo, en el INFO de Barcelona.
El programa desarrollado ha sido el siguiente:
— entorno operativo DOS;
— Pascal;
— lenguaje C;
— SQL.

Sin embargo, en caso de que la formación haya tenido una aplicación inmediata en la **experiencia profesional,** la incidencia y utilidad del curso pueden citarse en la descripción de las responsabilidades desempeñadas.

Me dedico a la programación en sistema «C» de procesos de gestión y, de forma particular, de gestión de clientes, control de existencias y envíos, y facturación.

Cursos de idiomas

Los cursos de idiomas, cursados en el propio país o fuera, pueden también indicarse en esta sección, o bien, en la sección de «Idiomas» o «Residencia en el extranjero».

Por lo que se refiere a los diplomas o acreditaciones conseguidos, es útil indicar los que son reconocidos internacionalmente, con la fecha de su obtención; en caso de que los niveles de conocimiento del idioma sean claramente superiores a los que se suponen por el título que se posee, es mejor no citar este último.

1990: Proficiency;
1991: Shencker Method, inglés de nivel 50;
1992: Goethe Institut, Mittelstufe.

Becas de estudios

Se ha de indicar siempre el período, el organismo que ha concedido la beca y el objeto de la actividad:

1991: Beca de estudio del Instituto Superior de Investigaciones Científicas, para una tesis sobre el tema «Reciclado de los plásticos en las nuevas tecnologías industriales».

El conocimiento de idiomas

El conocimiento de idiomas se ha de indicar con precisión y no se han de explicar detalles no pedidos ni necesarios; en alguna ocasión, durante la entrevista podrán explicarse otros detalles sobre la facilidad de aprendizaje de nuevos idiomas o los motivos por los que se necesita todavía un estudio más profundo del alemán, por ejemplo.

En este tema es absolutamente negativo e improcedente presumir imprudentemente de conocimientos que no se poseen: si para determinado puesto es indispensable un buen nivel de francés, hemos de dominar tal lengua de forma que se hable y entienda a perfección; una de las primeras pruebas que se habrá de pasar será, sin lugar a dudas, la de la lengua.

Finalmente, no olvidemos que, generalmente, cuanto mayores son las responsabilidades de una persona, tanto mayor es la disponibilidad de la nueva empresa a darle apoyo en el tema de los idiomas.

Podemos intentar construir una escala de valoración para el conocimiento de idiomas (véase fig. en pág. 55), en la que no haremos distinción entre hablado y escrito, salvo casos excepcionales.

NIVEL DE CONOCIMIENTO	CAPACIDADES
Lengua materna	capacidad de expresarse con un perfecto dominio
excelente / bueno	capacidad para gestionar conversaciones de trabajo
discreto	capacidad para hacerse entender, pero con muchos errores
académico	la comunicación se produce con gran dificultad

Por ello, según el caso, escribiremos:

INGLÉS: bueno.
FRANCÉS: lengua materna (padre francés).

La experiencia profesional

Ya hemos dicho que esta sección, en caso de que sea particularmente compleja o que necesite de muchos detalles, puede escribirse en un folio aparte. Es evidente que este es el núcleo fundamental del currículum y en el que se han de pensar con más cuidado nuestras propias opciones, planteándolo según el tipo de trabajo que estamos buscando.

Más adelante analizaremos algunos criterios generales para la preparación de una ficha base de currículum, sobre la que perfeccionaremos los detalles en función de las posiciones que intentamos alcanzar y para las que nos ofrecemos.

LA ESTRUCTURA DEL CURRÍCULUM PROFESIONAL

1. Período

2. Empresa:
2.1 Razón social exacta
2.2 Ciudad
2.3 Sector de actividad (si no es muy conocido)

3.	**Posición:**
3.1	Cualificación
3.2	Nivel de situación en la empresa
3.3	Tareas
3.4	Responsabilidades

4.	**Comentario:**
4.1	Itinerario de la carrera profesional
4.2	Proyectos en los que se ha participado
4.3	Objetivos conseguidos
4.4	Crecimiento profesional

QUÉ SE HA DE ESCRIBIR

Generalmente, es oportuno citar todas las experiencias profesionales, indicando siempre:

— la **fecha de comienzo** y de **fin de la relación:**
Desde (mes y año) *a* (mes y año)
Del (año) *al* (año);

— la **razón social** exacta **de la empresa:**
FAMA, S. L.
Industrias mecánicas Echarren, S. A.;

— la **sede de trabajo:**
Polígono industrial de Villaverde (Madrid);

— el **sector de actividad** y el **tipo de actividad de la empresa:**
Importación-exportación de suministros fotográficos;

— la **posición actual:**
Director adjunto en la sección de marketing;

— **nuestras tareas:**
Colaborador en la planificación de marketing y en la elaboración de estrategias de distribución;

— **nuestras responsabilidades:**
Elaboro el presupuesto de venta de los productos semielaborados y rindo cuentas semanalmente al director de marketing sobre el resultado de las ventas.

Si se desea hacer el currículum más completo, puede indicarse también:

— la **facturación** y el **número de trabajadores de la empresa:**
Facturación anual: 200 millones;
100 empleados;

— los **objetivos conseguidos:**
He colaborado en la realización de la marca PACK;

— **a quién rendimos cuentas** y **quién responde ante nosotros:**
Rindo cuentas directamente al director de marketing y dispongo de dos adjuntos en la dirección comercial;

— nuestro **nivel contractual:**
Estoy situado en el nivel VIII, según el convenio de comercio;

— nuestra **retribución económica** y los **incentivos:**
Retribución anual bruta: 4 millones de pesetas.

NO

LO QUE NO SE HA DE DECIR:

— los fracasos;
— los organigramas de la empresa;
— los motivos de la dimisión;
— en general, las noticias reservadas relativas a la empresa o sociedad actual.

La falta de experiencia profesional

Los jóvenes que han terminado recientemente sus estudios universitarios, pueden tener dificultades a la hora de pensar qué es lo que pueden incluir en esta sección; de todas formas, en caso de que no se haya desempeñado ninguna actividad laboral o no se haya realizado ninguna experiencia que pueda ser citada en el currículum, se ha de **evitar** absolutamente citar estas carencias.

NO
EXPERIENCIA PROFESIONAL: *Ninguna*

En este caso es preferible, realmente, **eliminar** completamente del currículum un párrafo de este tipo.

Sin embargo, muy frecuentemente, los estudiantes realizan trabajos ocasionales («canguro», mensajeros, reparto de publicidad), colaboran en empresas familiares (contabilidad, comercio, restauración), participan en grupos de trabajo (animación de la infancia, voluntariado, grupos de monitores). Cuando se está buscando el primer trabajo es aconsejable hacer una referencia a tales actividades.

Las prácticas y la formación en la empresa

A veces, durante el tiempo de formación en los centros de enseñanza y, frecuentemente, al final de los cursos de formación específica, se prevé un período de prácticas en una empresa; la duración normal es de algunas semanas.

En algunos casos, la persona que está en prácticas tiene una tarea específica y ha de desarrollar un proyecto determinado (la definición de un plan de marketing, la creación de una base de datos, etc.), mientras que en otros casos se le sitúa al lado de alguien experimentado en la actividad laboral rutinaria. En ambas situaciones, la oportunidad de insertarse en la empresa permite, además del propio aprendizaje, la observación y comprensión de las reglas, los comportamientos y los estilos sobre los que se construye la vida profesional.

Por ello, es de gran importancia que un joven cite en su currículum, entre sus primeras experiencias laborales, los períodos de pruebas:

NOV. 1991 - DIC. 1991: SATA, S. A., Barcelona. Período de prácticas en la empresa: adjunto al responsable de seguridad y ambiente. Medida del nivel de ruidos en los ambientes de trabajo: despachos, instalaciones en las sucursales de Barcelona y Zaragoza y en los almacenes, redacción del informe final, comparación con la normativa vigente y elaboración de propuestas para intervenciones positivas de mejora.

Las experiencias esporádicas

Durante los estudios o durante el tiempo de investigación sobre un tema referente a la especialidad que se está cursando y en el contexto de nuestro proyecto de carrera, puede suceder que nos dediquemos a ciertas actividades que no están clasificadas como contrato de trabajo dependiente.

Frecuentemente, uno se pregunta si es oportuno incluir tales experiencias de trabajo en el currículum vitae. De nuevo, hemos de repetir que el criterio depende de la experiencia global de quien escribe. El ingeniero técnico, que posee tres años de experiencia en la elaboración de proyectos en una gran empresa, puede permitirse evitar hacer referencia a una colaboración anterior, de tres meses de duración, en una empresa de software. Sin embargo, el ingeniero que acaba de conseguir su título, hará referencia a una experiencia similar, subrayando el aspecto de gestión autónoma del trabajo.

En estos casos, se ha de indicar sólo el período, el sector en el que trabaja la empresa (informático, servicios, financiero) y las responsabilidades que se nos han confiado.

Mayo 1991 - noviembre 1991: empleado en un establecimiento de electrodomésticos, de venta al por mayor.

Aprendizaje y prácticas

Si se desea realizar una profesión liberal, es necesario pasar un período de «prácticas» en un estudio o bufete profesional, de modo que se puedan realizar sobre el campo de trabajo y asistido por una persona con experiencia, las actividades que, poco tiempo después, han de ser asumidas con responsabilidad y en primera persona.

En el caso en que se decida olvidar la idea de un trabajo independiente y se desee buscar un trabajo como dependiente, es útil, de todas formas, indicar en el currículum las responsabilidades que se han desempeñado durante el período de prácticas y el nombre del estudio o del bufete.

Agencia comercial Test, Valencia, de 1987 a 1988 he ejercido práctica profesional. Revisión de la contabilidad, preparación de los balances del ejercicio y de la declaración de impuestos.

Empleos anteriores

Se han de citar según los criterios que hemos descrito más arriba; nuestro objetivo es siempre el de ser claros, indicando los datos de forma homogénea. Sin embargo, tenemos la posibilidad de guiar al lector, o en todo caso, de inducirle a que preste atención a lo que más nos interesa, eligiendo lo que decimos y la forma de subrayar unas experiencias más que otras.

Independientemente de las responsabilidades o funciones que se han desempeñado, se ha de conseguir que en el currículum se transparente una progresión ascendente en la carrera profesional:

1987-1990 COST, S. L., Barcelona: Importación y exportación de artículos de papelería. Adjunto a la dirección comercial. Elaboración y control del presupuesto y de los objetivos de venta, con responsabilidades en la optimización de la red de distribución.

Desde 1991 hasta hoy: BNC, S. A., Valencia: Producción de juegos didácticos. Director del diseño del proyecto TOYO, artículo líder en el mercado. Presupuesto de promoción administrado: 50 millones.

Si hemos trabajado siempre en la misma empresa, intentaremos presentar de la mejor manera posible nuestros cambios dentro del organigrama, especificando concretamente las responsabilidades desempeñadas y las posiciones que progresivamente se han ocupado:

De diciembre de 1988 hasta hoy: SET, S. A., Bilbao. Comercialización de elementos electrónicos.

Diciembre 1988 - junio 1990: Responsable de la introducción de datos en el sistema informático de la empresa. Trabajo desarrollado bajo la dependencia del responsable administrativo.

Julio 1990 hasta hoy: Adjunto en el control de gestión: definición de los centros de coste, elaboración del presupuesto; análisis de las desviaciones presupuestarias. Coordino el trabajo de dos colaboradores y doy cuentas de la gestión a la Dirección Financiera y de Control.

EMPLEO ACTUAL

Es la actividad que, indudablemente, se examinará con mayor atención, la que nos identifica de forma inmediata y prioritaria y con la que hemos de comparar de forma directa las ofertas que se nos hagan.

La opción por un planteamiento que no responda a criterios cronológicos, contribuye a poner más de relieve la ocupación actual en el momento en que redactamos el currículum.

Puede haber motivos fundados para mantener la reserva respecto a los datos que se puedan dar sobre la empresa actual, sobre todo en el caso, frecuente por otra parte, de que nosotros no sepamos cuál es la sociedad en la que optamos por un determinado trabajo. De todos modos, las informaciones pueden manifestarse, siempre dentro de los límites de la corrección, en la entrevista posterior.

ORDEN CRONOLÓGICO, NO CRONOLÓGICO Y FUNCIONAL

De la misma forma que en la descripción del proceso académico y formativo, la forma más sencilla y ágil de proponer el currículum vitae es la cronológica; sin embargo, por diversos motivos, podemos optar por otros modos de relatar nuestro camino profesional.

La estructura **cronológica** consiste en listar nuestras diversas actividades ordenadas desde la más antigua hasta las más recientes.

Esta opción es aconsejable en caso de que el currículum manifieste de forma clara que a lo largo de los años se ha dado un progreso evidente de la propia carrera profesional, en la misma o en distintas empresas.

La estructura **no cronológica** permite poner de relieve de forma especial nuestra situación actual y las competencias y responsabilidades que hemos desempeñado últimamente, ya que pone en primer plano nuestras últimas experiencias de trabajo.

Incluso en el caso en que nuestra actividad laboral haya sufrido alguna interrupción, que no deseamos presentar, la redacción arbitraria de nuestras actividades, hace que el control sobre nuestro currículum no sea tan automático.

La estructura **funcional** permite evidenciar y agrupar algunas de las responsabilidades que hemos desempeñado y adquirido en los diversos campos de nuestras actividades. De este modo podemos hacer más claro y explícito de forma más inmediata lo que ofrecemos a la empresa a la que enviamos nuestro currículum.

Veremos algunos ejemplos en el próximo capítulo.

Otras informaciones

En esta última sección se expresa de forma óptima nuestra discrecionalidad. De hecho, en esta sección se pueden incluir ciertos datos que expresan nuestra personalidad, intereses y conocimientos.

OTROS CONOCIMIENTOS

Es posible que de forma autodidacta o en el ejercicio laboral se hayan adquirido algunas competencias especializadas, como el uso del ordenador personal y el dominio de algunos programas de gestión. No olvidemos que siempre es oportuno citar sólo aquello que creemos adecuado para la función a la que aspiramos.

- **Para el puesto de analista programador:** *elevados conocimientos sobre el lenguaje C y SQL.*

- **Para el puesto de responsable de los sistemas informativos:** *destacada capacidad de análisis, apoyada por el conocimiento de los lenguajes de la cuarta generación.*

Estancias en el extranjero

La información sobre las estancias en el extranjero puede incluirse en el apartado de IDIOMAS, indicando, los cursos a los que, eventualmente, se ha asistido en el extranjero.

En caso de que no se trate de unas vacaciones de estudio, sino de un período de permanencia más largo, motivado por razones familiares o de trabajo, una anotación apropiada y específica sobre el tema permite dar un relieve mayor al hecho de haber vivido en un país extranjero. Efectivamente, no se trata de las estancias en el extranjero por motivos de vacaciones o de turismo, sino de una inserción real en un ambiente diverso, que es, siempre, una experiencia importante y muy formativa:

De octubre de 1990 a julio de 1991: Boston (EE. UU.) - Johnson College: he realizado el tercer curso de la escuela superior, financiado por una beca del programa ERASMUS.

Retribución actual

No es obligatorio declarar la retribución que percibimos actualmente, pero ayuda al seleccionador a comprender nuestras expectativas económicas; evidentemente, esto es una forma de evitar pérdidas de tiempo porque, por lo general, no se está dispuesto a aceptar una compensación inferior a la que ya se percibe.

Siempre que decidamos declararla, se ha de indicar la cantidad anual bruta. No es conveniente, en absoluto, hacer ningún tipo de exageración o trampas en este punto, ya que se nos puede exigir probar todas nuestras afirmaciones.

Sueldo bruto anual: 3.500.000 ptas.

Disponibilidad para ser trasladado

Tal y como ya hemos dicho, la situación familiar es, generalmente, un buen indicador sobre la disponibilidad para ser trasladado a otros destinos.

De todas formas, es conveniente indicar las posibles áreas geográficas en las que se estaría interesado.

También es siempre aconsejable declararse disponibles a viajes y breves desplazamientos:

Estoy interesado en empresas localizadas en la zona norte de Cataluña.

Dispuesto a valorar propuestas en el norte de España.

Interesado en la realización de una experiencia de trabajo en un país de habla inglesa.

HOBBIES E INTERESES PERSONALES

En este apartado se pueden citar las actividades preferidas fuera de la esfera profesional. De nuevo, hemos de proceder con gran cuidado en este tema, ya que los hobbies son expresión de nuestra personalidad y podrían interpretarse como un límite para nuestras aspiraciones laborales.

Por ejemplo, un apasionado de vuelos delta y un piloto de rallies, podrían ser adecuados para una empresa de artículos deportivos y accesorios de coches, pero no presenta, quizá, el perfil más adecuado para una agencia de consulta financiera, que requiere un trabajo diario de 10 o 12 horas.

Es probable que un jugador de ajedrez o un experto en modelismo, actividades reflexivas y más bien estáticas, parecen adecuarse más al perfil de un creador de software o de control de gestión que al perfil de una primera figura de marketing.

Prestemos, pues, atención. Aunque nuestros hobbies sean verdaderas pasiones profundas y arraigadas, intentemos comprender cómo podrían ser interpretadas y no citemos, en ningún caso, más que dos o tres de nuestras aficiones.

VIDA SOCIAL

Si formamos parte de alguna asociación o grupo, y creemos que su actividad es acorde con el trabajo al que queremos optar, podemos mencionarla:

Soy miembro del WWF.

REFERENCIAS

No se deben citar nunca las posibles referencias. Si se piden de forma explícita, nos mostraremos disponibles a facilitarlas en el momento de la entrevista.

En caso de que las referencias sean necesarias, nos dirigiremos a nuestros antiguos empresarios, al abogado de la familia y a los responsables de las escuelas a las que hemos asistido. No olvidemos nunca, antes de dar ningún nombre, de preguntar la disponibilidad que estas personas o instituciones tendrán para salir garantes de nuestra persona en caso de que se les pida información.

Abogado Julio Mercader, Director de personal de CBA.

Dr. Antonio Gómez, Decano de la Universidad XXX.

Diversos

Finalmente, hay algunas informaciones que pueden ser importantes para el puesto de trabajo al que se opta, como por ejemplo, poseer carnet de conducir y vehículo propio:

Carnet de conducir, clase C y coche propio.

Además, en esta sección, podemos indicar ámbitos o actividades que nos puedan interesar de forma particular, explicando brevemente nuestras motivaciones y expectativas:

Interesado en la adquisición de una experiencia significativa en el sector del marketing de una empresa multinacional, dedicada a la producción de bienes de gran consumo.

4

Anuncios de búsqueda de personal y respuestas

EL CURRÍCULUM DE LOS JÓVENES LICENCIADOS

Ya hemos dicho que escribir un currículum significa hacer un verdadero ejercicio de opciones y que una de las prioridades que hemos de tener presente, es no perder de vista a quién va dirigido nuestro escrito.

Un método de trabajo correcto consiste en la preparación de un currículum estándar, con todas las informaciones que nos parezcan importantes y, posteriormente, modificarlo ampliándolo, reduciéndolo, o bien resaltando algunos datos, según la posición que se ofrece. Aun cuando tengamos la posibilidad de responder a numerosos anuncios, no hemos de olvidar que cada empresa tiene sus propias características y, por consiguiente, cada una de ellas exige una carta personalizada e incluso un currículum que responda adecuadamente a sus exigencias.

Intentemos escribir el currículum de un joven recién licenciado, sin experiencia profesional significativa (véase mod. n.º 1 en la página siguiente). Juan García está buscando un empleo como empleado en el departamento administrativo o en la división comercial de una empresa. Tiene conocimientos y características interesantes para ambos puestos.

MODELO N.º 1 — ESTÁNDAR

CURRÍCULUM VITAE

DATOS PERSONALES

Nombre y apellidos:　　　　　Juan GARCÍA PÉREZ
Lugar y fecha de nacimiento:　Madrid, 20 de junio de 1970
Estado civil:　　　　　　　　Soltero
Dirección:　　　　　　　　　C/ Demóstenes, 123 - 08028 - BARCELONA
Teléfono:　　　　　　　　　93 - 1234567
Servicio militar:　　　　　　Cumplido
　　　　　　　　　　　　　(Infantería, marzo 1990 - marzo 1991)

FORMACIÓN ACADÉMICA

1989: Licenciatura en Ciencias Económicas, Universidad Autónoma de Barcelona, con la calificación de notable.

1991: Curso de Gestión Empresarial con soporte informático, de 600 horas de duración, en el instituto EAS, Madrid.

IDIOMAS

INGLÉS: bueno, con conocimiento de los términos comerciales.
FRANCÉS: medio.

EXPERIENCIA DE TRABAJO

1988-1991: contratos eventuales en stands comerciales, con motivo de la celebración de ferias.

Diciembre, 1991 - enero, 1992: colaboración en una empresa familiar para el control de reservas de almacén y elaboración del inventario.

OTRAS INFORMACIONES

Estoy interesado en trabajar en el área administrativo-comercial de una empresa situada en la zona norte de España.
Poseo carnet de conducir, clase B1.
Disponible para viajes y traslados.

Supongamos que leemos este anuncio en un diario:

Prestigiosa empresa, situada en Barcelona, zona centro, busca

JOVEN LICENCIADO/A

para trabajo temporal por sustitución de maternidad. Gestión de los pedidos de los clientes. El trabajo exige también contactos directos con los clientes.

Se exige titulación adecuada (contabilidad, gestión comercial o título equivalente) con buena calificación. Se requiere conocimientos de informática a nivel de usuario. Preferiblemente, con conocimientos de inglés. Se valorará la experiencia en departamento comercial.

Si no se recibe respuesta en el plazo de 30 días, se entenderá que la selección ha quedado resuelta. Agradecemos todas las candidaturas. Se garantiza absoluta discreción.

Enviar currículum detallado, indicando un teléfono de contacto y citando **Ref. AB/456** a:

SPA Consultores. P.º de Gracia, 789. 08003 Barcelona

La empresa en cuestión busca a un joven titulado, aunque no posea experiencia de trabajo, y con un discreto conocimiento de inglés. Se trata de un contrato temporal, para una sustitución de maternidad, es decir, de cuatro meses; frecuentemente el contrato puede prolongarse en caso de que la nueva madre pida una excedencia para atender a su hijo.

Las responsabilidades que se han de desempeñar son de tipo administrativo (gestión de pedidos), pero implican también un contacto con los clientes. El candidato ha de ser, pues, preciso, atento y ha de tener una buena predisposición para las relaciones interpersonales.

La agencia de consultores será la responsable de hacer la selección y propondrá un determinado número de candidatos a la empresa.

Veamos ahora, sobre la base de estos datos, cómo puede hacerse que el currículum dé una respuesta más precisa todavía a las exigencias manifestadas en el anuncio (véase mod. n.º 2 en la pág. 70).

MODELO N.º 2 (GESTIÓN DE PEDIDOS)

CURRÍCULUM VITAE

DATOS PERSONALES

Nombre y apellidos:	Juan GARCÍA PÉREZ
Lugar y fecha de nacimiento:	Madrid, 20 de junio de 1970
Estado civil:	Soltero
Dirección:	C/ Demóstenes, 123 - 08028 - BARCELONA
Teléfono:	93 - 1234567
Servicio militar:	Cumplido (Infantería, marzo, 1990 - marzo, 1991)

FORMACIÓN ACADÉMICA

1989: Licenciado en Ciencias Económicas en la Universidad Autónoma de Barcelona. Calificación: notable.

1991: Curso de Gestión Empresarial con soporte informático, de 600 horas. Instituto AES, Madrid.
En el programa del curso se han dedicado 40 horas a los procedimientos informáticos para la gestión de pedidos.

IDIOMAS

INGLÉS: nivel alto, con conocimiento de los términos comerciales.
FRANCÉS: medio.

EXPERIENCIA LABORAL

Diciembre 1991 - enero 1992: Colaboración en una empresa familiar, para el control de existencias en almacén y la elaboración del inventario.

OTRAS INFORMACIONES

Interesado en trabajar en el departamento administrativo comercial de una empresa en Cataluña.
Poseo el carnet de conducir B1.

En este caso, a la empresa le interesan los conocimientos específicos sobre gestión y tratamiento de pedidos de clientes. Por lo que se refiere a la experiencia profesional, es preferible subrayar todo lo relativo a la actividad empresarial. La disponibilidad para viajar, sin embargo, no parece importante para este puesto.

Veamos ahora otro anuncio para un puesto muy distinto:

Empresa distribuidora de artículos de papelería busca un joven licenciado para potenciar su estructura comercial. Se requiere disponibilidad inmediata.

Escribir a: Apartado de correos 908 - 08008 BARCELONA

Este anuncio busca, probablemente, una persona que pueda ejercitar el cargo de agente comercial, o, en todo caso, ofrece un trabajo a comisión. Ya que se trata de una actividad de ventas, las características requeridas serán las siguientes: capacidad de negociación, capacidad de relaciones personales, atracción, capacidad de trabajar de forma autónoma y por objetivos (presupuestos de ventas). Se requerirá también la disponibilidad para viajar frecuentemente. En este caso, la selección del candidato correrá a cargo directamente de la empresa.

Veamos ahora cómo se ha de modificar el currículum vitae (véase mod. n.º 3 en la pág. 72).

Probablemente, en este caso, no importa subrayar un conocimiento específico de idiomas. El cargo que se ofrece exige autonomía y capacidad de organizar el propio tiempo; por ello, son mucho más significativos los datos que hagan referencia a un trabajo, aunque haya sido eventual, en una feria de muestras, que las tareas rutinarias propias de los estudiantes. Remarcar el interés en comenzar con una posición de vendedor puede situarnos en la pista de quien tiene un estudiado plan de carrera profesional.

MODELO N.º 3 (AGENTE DE COMERCIO)

CURRÍCULUM VITAE

DATOS PERSONALES

Nombre y apellidos:	Juan GARCÍA PÉREZ
Lugar y fecha de nacimiento:	Madrid, 20.06.1970
Estado civil:	Soltero
Dirección:	C/ Demóstenes, 123 - 08028 - BARCELONA
Teléfono:	93 - 1234567
Servicio militar:	Cumplido (Infantería marzo 1990 - marzo 1991)

FORMACIÓN ACADÉMICA

1989: Licenciado en Ciencias Económicas, Universidad Autónoma de Barcelona, calificación: notable.

1991: Master en Gestión empresarial con soporte informático, duración 600 horas, en el Instituto EAS, Madrid.

IDIOMAS

INGLÉS: nivel superior.
FRANCÉS: medio.

EXPERIENCIA LABORAL

1988-1991: actividades eventuales en diversos stands con motivo de la celebración de Ferias.

Diciembre 91 - enero 92: colaboración en una empresa familiar para controlar las existencias de almacén y redactar el inventario.

OTRAS INFORMACIONES

Interesado en trabajar en el departamento comercial de una empresa con una amplia red de ventas.
Poseo carnet de conducir clase B1 y coche propio.
Disponible para viajes y traslados.

Veamos otro posible anuncio:

> Pequeña empresa de reparación de electrodomésticos busca a un técnico con diploma, servicio militar cumplido, edad comprendida entre 20 y 24 años, residente en la zona de Barcelona. Trabajará en el taller, laboratorio de reparaciones y, eventualmente, en el domicilio de clientes.
>
> Enviar currículum manuscrito al Apdo. 4321 - 08008 BARCELONA

En este caso la empresa busca, evidentemente, un joven perito industrial, con una gran capacidad de precisión y destreza manual, capaz de escuchar los problemas de los clientes y provisto de carnet de conducir. El hecho de pedir que viva cerca del puesto de trabajo implica la disponibilidad de prolongar el horario de trabajo. La selección se llevará a cabo en la empresa misma. Veamos ahora cómo sería el currículum adecuado para responder a este anuncio (veáse mod. n.º 4, pág. 74).

Para este puesto no se requieren conocimientos administrativos particulares y, por ello, es preferible indicar de forma genérica el currículum formativo; lo mismo sirve para los idiomas.

Las experiencias de trabajo previas en el campo de las reparaciones o las eventuales con motivos de ferias son importantes, como las de gestión de almacén, ya que se trata de una actividad fundamentalmente práctica. Declarar la propia disponibilidad para prolongar el horario laboral puede parecer superfluo, pero en este caso se pide de forma implícita. Sin embargo, parece poco probable que se exijan viajes o traslados.

CÓMO NO SE HA DE ESCRIBIR EL CURRÍCULUM

Leamos ahora un currículum del tipo que raramente se recibe (véase modelo n.º 5 en página 75).

¿Qué riesgo corre García enviando su currículum a la misma empresa a la que González ha enviado el suyo? El encargado de seleccionar el personal no encuentra las informaciones específicas que le sirven, se siente molesto con el estilo y pensará que el currículum no se le ha dirigido a él, sino que una copia idéntica se le podría haber enviado a cualquiera.

Veamos ahora cuáles son los errores más graves.

Como ya hemos dicho, no es aconsejable escribir una carta que contenga el currículum, sino que es siempre mejor rellenar dos (o tres) folios. El tono es formal y burocrático, es decir, adecuado a un documento administrativo (el uso del apellido antes que el nombre o el uso de la tercera persona, lo confirman). Cuando nos dirigimos a quien ha de ocuparse de nosotros, hemos de usar fórmulas corteses, eficaces y que expresen nuestra personalidad.

MODELO N.° 4 (LABORATORIO)

CURRÍCULUM VITAE

DATOS PERSONALES

Nombre y apellidos: Juan GARCÍA PÉREZ
Lugar y fecha de nacimiento: Madrid, 20 de junio de 1970
Estado civil: Soltero
Dirección: C/ Demóstenes, 123 - 08028 - Barcelona
Teléfono: 93 - 1234567
Servicio militar: Cumplido (Infantería, marzo 90 - marzo 91)

FORMACIÓN ACADÉMICA

1989: Licenciado en Ciencias Económicas, Universidad Autónoma de Barcelona, con la calificación de notable.

1991: Curso de Informática de base, duración 600 horas. Instituto EAS, Madrid.

IDIOMAS

INGLÉS: nivel alto.
FRANCÉS: medio.

EXPERIENCIA LABORAL

1988-91: actividades eventuales de relaciones comerciales en stands con motivo de Ferias.

Diciembre 81/enero 92: colaboración en una empresa familiar para el control de existencias de almacén y redacción del inventario.

OTRAS INFORMACIONES

Máxima disponibilidad de horario.
Carnet de conducir B1 y coche propio.

NOTA: El currículum ha de ser manuscrito, ya que así se había pedido.

MODELO N.° 5 - INCORRECTO

A la atención de la Dirección de Personal,

El que suscribe, LÓPEZ Mariano, nacido en Barcelona el 19.04.69 y residente en c/ Escorial, 123

declara

— haber conseguido el diploma de Ingeniero Técnico en elecrónica en el curso académico 1988—89, en la Escuela Universitaria de Barcelona, con la calificación de notable;

— haber cumplido el servicio militar en el arma de infantería y haber alcanzado el grado de sargento el 17.02.91;

— haber sido empleado como secretario y con contrato de tres meses en la Audiencia de Barcelona, del 17.08.91 al 16.11.91, trabajando como auxiliar de archivo;

— no tener procesos penales pendientes;

— estar actualmente disponible para una entrevista a fin de ser empleado en su digna empresa.

Atentamente

López, Mariano

Barcelona, 13 de febrero de 1992

MODELO N.° 6 - CORRECTO

CURRÍCULUM VITAE

Datos personales

Nombre y apellidos: Mariano LÓPEZ PARETS
Lugar y fecha de nacimiento: Barcelona, 19.04.1969
Estado civil: ...
Dirección: C/ Escorial, 123 - 08014 Barcelona
Teléfono: ...
Servicio militar: cumplido (febrero 1990 - febrero 1991)

Títulos académicos

Ingeniero técnico de electrónica, 1989, en la Escuela Universitaria de Barcelona. Calificación: notable.

Idiomas

...

Experiencia laboral

Agosto 1991 - octubre 1991: secretaría de la Audiencia de Barcelona, trabajos en el archivo.

Otras informaciones

...

Los datos son poco claros y todavía incompletos. De hecho, cuando se intenta plasmarlos sobre la plantilla ideal que hemos diseñado anteriormente, este inconveniente resalta con toda claridad.

Se ha de subrayar que el modelo que hemos propuesto es tan sólo indicativo: cada uno ha de crearse el suyo propio personalizado, aunque se han de tener en cuenta las indicaciones que hemos hecho hasta el momento. Efectivamente, también en la nueva versión (véase mod. n.º 6 en la pág. 76), el currículum resulta prácticamente vacío e impersonal. Todavía se pueden añadir las responsabilidades que se han desempeñado durante el breve período de contratación, las características personales, los hobbies, si se posee carnet de conducir, la disponibilidad para ser trasladado. En resumen, es necesario buscar todo aquello que permita traslucir de la forma más evidente posible lo que somos y lo que nos interesa hacer.

EL CURRÍCULUM DE QUIEN YA TIENE EXPERIENCIA LABORAL

Si deseamos cambiar de trabajo, o bien estamos obligados a ello o, sencillamente, queremos hacer borrón y cuenta nueva en nuestra situación laboral, hemos de escribir nuestro currículum estándar, como ya hemos visto. La parte más importante de él, y, por supuesto, potencialmente la más crítica, es la que se refiere a las experiencias profesionales; hagamos un primer borrador escribiendo detalladamente nuestras actividades y, después, leamos con toda atención todo cuanto hemos escrito.

Como ya hemos dicho, de nuestro currículum se ha de deducir un claro progreso en la carrera profesional y, en la medida de lo posible, ha de traslucir una coherencia lógica en las responsabilidades que hemos desempeñado. Después, como siempre, lo hemos de adaptar al tipo de empleo al que aspiramos. Como regla general, es procedente recordar los proyectos en los que se ha trabajado, citar en la medida de lo posible las cifras de los recursos gestionados y los resultados obtenidos y, finalmente, hacer referencia al propio nivel de autonomía y de responsabilidad.

En caso de que se haya cambiado de trabajo frecuentemente, se pueden omitir los empleos más breves y menos significativos, a fin de no dar impresión de inconstancia.

Veamos el currículum de una contable con algunas experiencias laborales (véase mod. n.º 7 en la página siguiente).

Es un currículum con algunos «agujeros», es decir, con períodos vacíos entre un trabajo y otro. Por otra parte hay un período de tiempo (SAEL) en el que la señora Ruiz no realizaba trabajos acordes, ni siquiera de forma complementaria, con la figura administrativa (secretaria de dirección).

MODELO N.° 7 - ESTÁNDAR

CURRÍCULUM VITAE

de

María RUIZ GÓMEZ
Nacida en Gerona, 19.05.1960
Casada con Luis Martínez, encargado
1 hijo (Roberto, 4 años)
Residente en Gerona, c/ Ros, 123
Teléfono 972 - 123456

Estudios y formación

1978-1979	Formación profesional de 2.° grado, Instituto Técnico Comercial, Gerona. Especialidad Secretariado.
1979-1980	Curso de estenografía, Instituto Sócrates, Gerona. Duración 5 meses a tiempo parcial.
1984	Curso de introducción en Wordstar 2000. Info Center, Gerona. Duración 45 horas.

Idiomas
Inglés y francés: nivel académico.

Experiencia laboral

02.80 - 09.83:	FIRST, S. A., Gerona. Producción de material plástico: responsable de contabilidad. Control y apuntes de los libros de caja, diario y facturación.
02.84 - 02.85:	SAEL, S. A., Tarragona. Producción de accesorios para la industria del automóvil: secretaria de Dirección Administrativa. Contrato de sustitución por maternidad. Funciones de secretaría, gestión de rutinas burocráticas, relaciones con los proveedores, relaciones con las agencias de seguros.
desde 10.85:	UNI, S. L., Gerona. Instalaciones Industriales. Responsable de la contabilidad general. Anotaciones de diario, facturación, IVA, redacción y cierre del balance del ejercicio. Respondo de mi gestión al Administrador General y tengo bajo mis órdenes a dos colaboradores.

Otras informaciones
Conocimiento de los sistemas informáticos de gestión administrativa y de procesamiento de textos a nivel de usuario.
Estoy interesada en trabajar en un puesto dedicado al control de la gestión.
Última remuneración: 2,6 millones de pesetas brutas, empleada de 1.ª categoría.
Poseo carnet de conducir B1.

Supongamos ahora que María Ruiz se decide a responder a este anuncio:

Se necesita para una empresa de Gerona

ADJUNTO AL CONTROL DE LA GESTIÓN DE PRODUCCIÓN

que responda al Director financiero y de control.
Su función consistirá en preparar y mejorar los procedimientos utilizados hasta el momento.
El candidato ideal es un Licenciado en Ciencias Económicas, con edad comprendida entre 30 y 35 años, con experiencia laboral en la labor administrativa de empresas con sistemas de gestión informatizados.
Se garantiza desarrollo y promoción profesional, en un ambiente dinámico.
Enviar un currículum vitae detallado, citando la referencia **BH6788** a:
SELCO, c/ Londres, 234 - 17030 GERONA

El cargo supone conocimientos de gestión administrativa y una discreta autonomía, una capacidad de trabajo en equipo y la disponibilidad para insertarse en un proyecto que está en marcha y tomando forma. No se requieren conocimientos particulares de control de gestión. Las condiciones económicas son, probablemente, las habituales del mercado laboral. La selección de los candidatos corre bajo la responsabilidad de una agencia de consultores.

Veamos ahora cómo plantear un currículum para esta empresa y para este puesto (véase mod. n.º 8 en la pág. 80). El nuevo currículum neutraliza la experiencia de «secretaria» y omite, consecuentemente, el curso de estenografía y mecanografía, describiendo sólo la experiencia laboral de la última ocupación.

El hecho de haber trabajado siempre en empresas que producen bienes sobre pedido, puede ser un punto a favor que se ha de resaltar y valorar, en caso de que se ofrezca un puesto de trabajo de control de la gestión.

Es probable que una mujer casada y con un hijo, pueda sentirse en desventaja frente a los candidatos masculinos, pero si el hijo se encuentra ya en edad escolar, su condición de madre es perfectamente compatible con la jornada laboral.

También se puede intentar dar relieve y resaltar la última experiencia o maquillar y disimular los «agujeros» de un currículum, haciendo la exposición de la experiencia laboral en un orden cronológico inverso, es decir, comenzando por la última.

El modelo n.º 9 de la página 81, propone el currículum de la señora Ruiz de forma inversa, para un puesto de trabajo de control de gestión.

MODELO N.º 8 (CONTROL DE GESTIÓN) - CRONOLÓGICO

CURRÍCULUM VITAE

María RUIZ GÓMEZ
Nacida en Gerona, 19.05.1960
Casada con Luis Martínez, encargado
1 hijo (Roberto, 4 años)
Residente en Gerona, c/ Ros, 123
Teléfono 972 - 123456
(localizable también en 972 - 654321)

Estudios y formación

1978-1979   Formación profesional de 2.º grado, Instituto Técnico Comercial. Gerona. Especialidad Secretariado.

1980   Curso de introducción a Wordstar 2000. Info Center. Gerona. Duración 45 horas.

Idiomas
Inglés y francés: nivel escolar.

Experiencia laboral

02.80-09.83:   FIRST, S. A., Gerona. Producción de material plástico: responsable de contabilidad.

02.84-06.85:   SAEL, S. A., Tarragona. Producción de accesorios para la industria del automóvil: adjunto en la Dirección Administrativa.

desde 10.85:   UNI, S. L., Gerona. Instalaciones Industriales. Responsable de la contabilidad. Anotaciones de diario, facturación, IVA, redacción y cierre del balance del ejercicio.
Respondo de mi gestión al Administrador General y tengo bajo mis órdenes a dos colaboradores.

Otras informaciones
Conocimiento de sistemas informáticos de gestión administrativa y procesamiento de textos a nivel de usuario.
Conocimiento de la problemática de producción sobre pedidos; estoy interesada en trabajar en una planta de producción en la que se utilicen instrumentos de control de gestión.
Última remuneración: 2,6 millones de pesetas brutas, empleada de 1.ª categoría.
Poseo carnet de conducir B1.

MODELO N.º 9 (CONTROL DE GESTIÓN) NO CRONOLÓGICO

CURRÍCULUM VITAE

de

María RUIZ GÓMEZ
Nacida en Gerona, 19.05.1960
Casada con Luis Martínez, encargado
1 hijo (Roberto, 4 años)
Residente en Gerona, c/ Ros, 123
Teléfono 972 - 123456
(localizable también en: 972-654321)

Estudios y formación

1978-79	Formación profesional de 2.º grado, Instituto Técnico Comercial, Gerona. Especialidad Secretariado.
1984	Curso de introducción a Wordstar 2000. Info Center, Gerona. Duración 45 horas.

Idiomas
Inglés y francés: nivel escolar.

Experiencia laboral

desde 10.85 hasta hoy:	UNI, S. L., Gerona. Instalaciones Industriales. Responsable de la contabilidad general: apuntes de diario, facturación, IVA, redacción y cierre del balance del ejercicio. Respondo de mi gestión al Administrador General y tengo bajo mis órdenes a dos colaboradores.
02.84-06.85:	SAEL, S. A., Tarragona. Producción de accesorios para la industria del automóvil: adjunto a la Dirección Administrativa.
02.80-09.83:	FIRST, S. A., Gerona. Producción de material plástico. Responsable de contabilidad.

Otras informaciones
Conocimiento de los sistemas informáticos de gestión administrativa y de procesamiento de textos.
Conocimiento de la problemática de la producción sobre encargo: estoy interesada en el trabajo en una planta de producción en la que se utilicen instrumentos de control de gestión.
Última remuneración: 2,6 millones de pesetas brutas, empleada de 1.ª categoría.
Poseo carnet de conducir B 1.

CÓMO NO SE HA DE RESPONDER

Supongamos que, además del currículum de la señora Ruiz, se han recibido otros currículum vitae que se han de valorar. Analicemos uno de ellos (mod. n.º 10, en la pág. 83). El currículum de Márquez es difícil de leer, porque:

— **Las informaciones no son completas, ni tampoco están ordenadamente dispuestas:** falta el lugar de nacimiento; las distintas experiencias laborales se describen de forma muy confusa, sin el nombre de la empresa ni los años de trabajo; no se especifican las actividades ni las responsabilidades del último cargo desempeñado;
— **no aparece claramente descrito el tipo de responsabilidades que puedan interesar al candidato:** sin conocer la posición jerárquica, ni el superior ante el que tiene que rendir cuentas, ni su nivel de contrato, ni el sueldo bruto, es imposible valorar las expectativas que tiene el candidato.
— **la presentación gráfica del currículum no ayuda a comprenderlo:** no hay nada en el escrito que llame la atención de forma particular.

Intentaremos escribir este currículum de nuevo (véase mod. n.º 11 en las págs. 84-85), para responder adecuadamente al anuncio de búsqueda de personal. En la nueva versión se puede ver un claro proyecto formativo y una sucesión ininterrumpida de actividades. Por otra parte, la nueva redacción da una idea exacta de las responsabilidades desempeñadas en su último trabajo, su grado de responsabilidad y su retribución.

Como en todos los casos, la carta de acompañamiento puede proporcionar otros detalles que puedan parecer útiles.

MODELO N.º 10 (CONTROL DE GESTIÓN) — INCORRECTO

ESTEBAN PAREDES
C/ Zurita, 59
28012-MADRID
Tel. 91 - 1234567
(localizable también en 91 - 7654321)

FECHA DE NACIMIENTO: 20.04.1964
CARNET DE CONDUCIR: B1
ABSOLUTA DISPONIBILIDAD PARA TRASLADOS, SOLTERO

ESTUDIOS SUPERIORES

— Después de haber seguido los ESTUDIOS UNIVERSITARIOS, he conseguido en Madrid la licenciatura en CIENCIAS ECONÓMICAS (06.1989), con la calificación de sobresaliente.

— En mayo de 1990 he comenzado, para profundizar mis conocimientos en el campo económico, un CURSO DE GESTIÓN FINANCIERA, organizado por la ESCUELA DE GESTIÓN de Madrid, de una duración de 4 meses de actividad académica y 2 meses de ejercicio práctico en la empresa, en la sección de Control de Gestión. Título de la memoria: «El control de gestión en las empresas de servicios».

EXPERIENCIA LABORAL

— ADJUNTO del ADMINISTRADOR DELEGADO de una importante sociedad de importación y exportación, encargado de las relaciones con los bancos, de supervisar la contabilidad general y de seguir los procesos de recuperación de las deudas pendientes de los clientes morosos (04.89 - 04.90).

— Como INSTRUCTOR DE NATACIÓN, he formado y seleccionado a aspirantes instructores y he entrenado a nadadores del equipo nacional, categoría «junior».

— Actualmente trabajo para una compañía financiera de primera categoría, como consultor de los clientes en la zona centro.

IDIOMAS

Inglés: nivel alto.
Francés: bueno.

MODELO N.º 11 (CONTROL DE GESTIÓN) - CORRECTO

CURRÍCULUM VITAE

Esteban PAREDES
Nacido en Turín el 20 de abril de 1964
Residente en Madrid, c/ Zurita, 59
Teléfono: 91-1234567 (localizable también en 91-7654321)
Estado civil: soltero

FORMACIÓN Y ESTUDIOS

1983:   Bachillerato y COU, Instituto Cervantes, Madrid.

1989:   Licenciado en **Ciencias Económicas,** Universidad de Madrid. Calificación: sobresaliente.

1990:   Curso de **Gestión Financiera,** Escuela de Gestión, de Madrid. Duración 6 meses.
El curso tiene previsto un período de prácticas en la empresa. La memoria del curso versará sobre «El control de gestión en las empresas de servicios».

IDIOMAS

Inglés: nivel alto.
Francés: bueno.

EXPERIENCIA PROFESIONAL

1983-1989: Federación Nacional de Natación.
Selección y formación de aspirantes a instructores; entrenamiento a los atletas del equipo nacional «junior».

1989-1990: RICA, S. A., Madrid. Empresa de importación y exportación.
Adjunto del Administrador Delegado.
Gestión de las relaciones con los bancos, supervisión de la contabilidad, coordinación de las gestiones para el cobro de clientes morosos.

desde 1991: FINANZ, S. A., Madrid. Financiera.
Dirección de desarrollo.
Trabajo en dependencia directa del Director de la Sección de desarrollo. Responsable de asesoramiento sobre las inversiones a breve y medio plazo en las empresas de nuestros clientes.
Remuneración anual: 4,2 millones de pesetas de sueldo bruto.

OTRAS INFORMACIONES

Estoy interesado en trabajar en una sociedad de manufacturados, para profundizar en los temas económico-financieros relativos a la producción.
Disponibilidad para viajes y traslados.
Poseo carnet de conducir B1 y vehículo propio.

OTROS EJEMPLOS

Veamos otro anuncio al que podría responder el señor Paredes.

Empresa de servicios extendida por todo el territorio nacional y actualmente en fase de expansión en Francia, busca un

RESPONSABLE DE AGENCIA FILIAL
(Lyon)

Esta agencia, en directa dependencia de la Dirección Central española, promoverá y gestionará las actividades de la primera filial que se abre en territorio francés.

Perfil del candidato ideal: Licenciado en Ciencias Económicas, edad comprendida entre 30 y 35 años, se requiere un buen nivel de **francés** y, preferiblemente también, una experiencia breve en el mundo financiero.

Se exige también una desarrollada capacidad para la gestión de las relaciones entre el personal colaborador y el mundo comercial.

Se prevé para el candidato un curso de formación y una remuneración adecuada para el candidato más cualificado.

Nuestra agencia consultora se encargará directamente de la selección y comunicación con los candidatos; por ello, se ha de indicar las empresas con las que no se desea contactar, escribiendo en el sobre la indicación «**confidencial**».

Enviar un detallado currículum vitae, indicando la localización telefónica y citando la referencia **5678** a:

TASK, c/ Mallorca, 58 - 28012 MADRID

El perfil descrito en el currículum corresponde al de un joven Licenciado en Ciencias Económicas, que provenga preferiblemente del mundo bancario, con una buena dosis de autonomía y sensible a los matices socioculturales en la gestión de las relaciones humanas y en la proyección y realización de planes de expansión en nuevos mercados. Las responsabilidades que se han de desempeñar son, de hecho, la coordinación de las actividades de la nueva sucursal y la promoción de la empresa en territorio francés. Se pide también el dominio del francés y la disponibilidad para cambiar la residencia a Lyon.

Veamos ahora en el modelo n.º 12 de la página 87, cómo puede redactarse y revalorarse el currículum de E. Paredes en orden a conseguir este puesto de trabajo. El acento sobre el conocimiento y estudio de idiomas es importante. Se subraya también la experiencia precedente en empresas de servicios y la disponibilidad para ser trasladado. Su experiencia en la Federación Nacional de Natación, sin embargo, es irrelevante desde el punto de vista profesional, pero subraya las características personales que dejan ver una gran capacidad de interrelación, disponibilidad y liderazgo.

MODELO N.º 12 (RESPONSABLE DE FILIAL)

CURRÍCULUM VITAE

Esteban PAREDES DÍAZ
Nacido en Madrid, el 20 de abril de 1964
Residente en 28012 MADRID, c/ Zurita, 59
Teléfono: 91 - 1234567 (localizable también en 91 - 7654321)
Estado civil: soltero

FORMACIÓN ACADÉMICA

1983:	Bachillerato y COU, Instituto Cervantes, Madrid.
1989:	Licenciatura en **Ciencias Económicas**, Universidad de Madrid. Calificación: sobresaliente.
1990:	Curso sobre Gestión Financiera, Escuela de Alta Dirección, Madrid. Duración: 6 meses. El curso se ha incluido una permanencia de prácticas en la empresa para desarrollar un proyecto con el siguiente título: «El control de gestión en las empresas de servicios».

IDIOMAS
Francés: bueno.
Inglés: bueno.

RESIDENCIA EN EL EXTRANJERO
Estancias de estudios en Francia: agosto de 1980 y 1981.

EXPERIENCIA LABORAL

1983-1989:	Federación Nacional de Natación; entrenador nacional. Selección y formación de aspirantes a entrenadores; entrenador de los atletas del equipo nacional, categoría «junior». Participación en encuentros internacionales.
1989-1990:	RICA, S. A., Madrid. Empresa de importación y exportación. **Adjunto del Administrador Delegado.** Gestión de las relaciones con los bancos, supervisión de la contabilidad y coordinación de recuperación de créditos.
desde 1991:	FINANZ, S. A., Madrid. Empresa financiera. **Dirección de desarrollo.** Trabajo en dependencia directa del Director del Departamento de Desarrollo, asesoro sobre las inversiones a corto y medio plazo en las empresas de nuestros clientes. Remuneración anual: 4,6 millones de pesetas brutas.

OTRAS INFORMACIONES
Interesado en papeles de gestión en empresas de servicios.
Disponible para viajes y traslados, en España y en el extranjero.
Poseo carnet de conducir B1 y coche propio.

CÓMO RESALTAR Y DAR VALOR A EXPERIENCIAS DIVERSAS O NUMEROSAS

Puede darse que, por diversos motivos, se haya cambiado frecuentemente de empleo o de tipo de trabajo; un número excesivo de actividades puede no ser considerado como un elemento positivo y, por ello, hemos de intentar ordenar nuestro currículum. Puede elegirse omitir las experiencias menos significativas para la posición a la que se aspira, o bien, dedicar un espacio mayor al último empleo o al que haya sido más importante, o incluso, dar una estructura «funcional» a nuestro currículum vitae. Es decir, es posible, independientemente del orden cronológico, detallar nuestras actividades por funciones diversas, o por sectores de trabajo distintos, resaltando preferentemente un determinado tipo de actividad frente a los otros.

Veamos ahora el currículum de un arquitecto que, inicialmente, se ha dedicado al diseño y, después, ha pasado al área de marketing (mod. n.º 13 en la página. 89).

En el currículum estándar todas las experiencias laborales tienen el mismo peso y están presentadas de forma homogénea. Es oportuno presentar de forma sintética las actividades anteriores para presentar, después, los resultados obtenidos en el área del marketing. En el modelo n.º 14 de la página 90, vemos el resultado de esta «adaptación». En este caso no se ha omitido ni modificado ningún dato, sólo se han reagrupado por responsabilidades a fin de presentar más claramente el recorrido profesional.

Incluso en el caso de que se quisiese resaltar más el aspecto técnico del diseño, por la coherencia con el título universitario, la estructura funcional sería más eficaz, acompañada de una descripción detallada de las actividades y proyectos en los que se ha participado. El resultado de esta modificación podemos apreciarlo en el modelo n.º 15 de la pág. 92; la descripción de las primeras experiencias no es tan genérica, mientras que, sencillamente, se enumeran las más recientes de marketing activo. Es importante citar las experiencias laborales que se han llevado a cabo en equipo, siempre que, como en este caso, se intente conseguir un puesto de coordinación.

MODELO N.º 13 - ESTÁNDAR

ANTONIO PÉREZ RUIZ
Nacido en Toledo, el 20.04.1958
Residente en Madrid, c/ Valencia, 118.
Teléfono: 91 - 3456789
Estado civil: casado (María Pérez, profesora)

FORMACIÓN
1977:
Bachillerato y COU. Instituto Ramiro de Maeztu. Madrid.
1982:
Licenciatura en Arquitectura. Universidad de Madrid. Calificación: sobresaliente.
1982:
Curso de diseño publicitario. Institución PUBLICITAS, Madrid. Duración: 100 horas.
1986:
Curso básico de marketing. Escuela de Gestión, Madrid. Duración: 36 horas.
1990:
Seminario sobre «Trade Marketing», en AMS, Madrid. Duración: 16 horas.

IDIOMAS
Inglés: medio.

EXPERIENCIA LABORAL
1982-1984:
Colaborador ocasional: realización de diseño gráfico en diversas agencias publicitarias de Madrid.
1985-1986:
GRÁFICA, S. A., Madrid. Diseño e imagen corporativa.
Director artístico: responsable de las relaciones de la agencia con los clientes más importantes a nivel nacional.
1987-1989:
MARKET RESEACH, Madrid. Investigación de mercados.
Responsabilidad: Análisis de mercado, elaboración de proyectos de promoción, lanzamiento de nuevos productos.
Desde 1989:
TEMTO, S. A., Madrid. Industrias alimentarias.
Director de producción: promoción, elaboración de presupuestos, control de desviaciones, análisis de la competencia de mercado. Respondo de mi gestión al director de marketing. Retribución anual: 4,6 millones de pesetas brutas.

OTRAS INFORMACIONES
Estoy interesado en trabajar en el área del marketing de empresas productoras de bienes de gran consumo y que trabajen en mercados internacionales.
Disponible para traslados a la zona norte de España.
Poseo carnet de conducir y coche propio.

MODELO N.º 14 (MARKETING) - FUNCIONAL

ANTONIO PÉREZ RUIZ
Nacido en Toledo, el 20.04.1958
Domicilio: c/ Valencia, 118, 28012-Madrid.
Teléfono: 91 - 3456789
Estado civil: casado (María Pérez, profesora)

FORMACIÓN

1977:
Bachillerato y COU. Instituto Ramiro de Maeztu. Madrid.

1982:
Licenciatura en Arquitectura. Universidad de Madrid. Calificación: sobresaliente.

1982:
Curso de diseño publicitario. Institución PUBLICITAS, Madrid. Duración: 100 horas.

1986:
Curso básico de Marketing. Escuela de Gestión, Madrid. Duración: 36 horas.

1990:
Seminario sobre «Trade Marketing», en AMS, Madrid. Duración: 16 horas.

IDIOMAS

Inglés: medio.

EXPERIENCIA LABORAL

DISEÑO

1982-1984:
Diseño: colaboración con diversas agencias publicitarias de Madrid.

1985-1986:
GRÁFICA, S. A., Madrid. Diseño e imagen corportativa.
Director artístico: responsble de la agencia.

MARKETING

1987-1989:
MARKET RESEARCH, Madrid. Investigación de mercados.
Responsabilidades: análisis de mercado, elaboración de proyectos de promoción, lanzamiento de nuevos productos.

Desde 1989:
TEMTO, S. A., Madrid. Industrias alimentarias.
Director de producción: promoción, elaboración de presupuestos, control de desviaciones, análisis de la competencia del mercado.
Respondo de mi gestión al Director de Marketing. Remuneración anual bruta: 4,6 millones de pesetas.

OTRAS INFORMACIONES

Estoy interesado en trabajar en el área del marketing de empresas productoras de bienes de gran consumo y que trabajen en mercados internacionales.
Disponible para traslados a la zona norte de España.
Poseo carnet de conducir y coche propio.

MODELO N.° 15 (DISEÑO) - FUNCIONAL

ANTONIO PÉREZ RUIZ
NACIDO EN TOLEDO, EL 20.04.1958
RESIDENTE EN MADRID, C/ VALENCIA, 118
TELÉFONO 91 - 3456789
ESTADO CIVIL: CASADO (MARÍA PÉREZ, PROFESORA)

FORMACIÓN

1977:
Bachillerato y COU. Instituto Ramiro de Maeztu. Madrid.

1982:
Licenciatura en Arquitectura. Universidad de Madrid. Calificación: sobresaliente.

1982:
Curso de diseño publicitario. Institución PUBLICITAS, Madrid. Duración: 100 horas.

1986:
Curso básico de Marketing. Escuela de Gestión, Madrid. Duración: 36 horas.

IDIOMAS

Inglés: medio.

EXPERIENCIA LABORAL

DISEÑO

1982-1984:
Colaborador en diversas agencias publicitarias de Madrid: elaboración de logotipos y aplicaciones publicitarias.

1985-1986:
GRÁFICA, S. A., Madrid. Diseño e imagen corporativa.
Director artístico: responsable de la agencia para las relaciones con los clientes más importantes a nivel nacional. Presupuesto publicitario gestionado en 1986: 30 millones de pesetas.

MARKETING

1987-1989:
MARKET RESEARCH, Madrid. Investigación de mercados.
Responsabilidades: análisis de mercado, elaboración de proyectos de promoción, lanzamiento de nuevos productos.

Desde 1989:
TEMTO, S. A., Madrid. Industrias alimentarias.
Director de producción: promoción, elaboración de presupuestos, control de desviaciones, análisis de la competencia de mercado.

OTRAS INFORMACIONES

Estoy interesado en ocupar un puesto de gestión en empresas que necesiten consultores de diseño gráfico y estrategias promocionales.
Disponible para traslados a la zona norte de España.
Poseo carnet de conducir y coche propio.

5

La carta que acompaña el currículum

ESTRATEGIAS PARA CONSEGUIR EL ÉXITO

La carta es el primer folio que el seleccionador lee, por tanto, su objetivo principal consiste, precisamente, en captar su atención favorablemente. La impresión que se ha de transmitir es la de haber dedicado tiempo y atención antes de ponernos en contacto con el anunciante, intentando responder a sus exigencias de una forma justa.

Se han de **evitar absolutamente** las respuestas apresuradas, los currículum a los que se les cose una tarjeta de visita (incluso, a veces, de empresa) con las palabras manuscritas: *«estoy dispuesto para una entrevista»*, o bien cartas estándar fotocopiadas y sin indicación del destinatario y que dejan ver, evidentemente, que son utilizadas para cualquier destino. La carta, breve y sintética, ha de contener un mensaje lo más personalizado posible y que exprese nuestro interés por la oportunidad que se ofrece.

¿A QUIÉN ESCRIBIMOS?

En los ejemplos que hemos analizado, hemos intentado comprender quién puede ser el destinatario de nuestra carta. Como ya hemos visto, una búsqueda de personal puede ser:

— llevada a cabo directamente por la empresa;
— una agencia de recursos humanos se encarga de recibir y clasificar la correspondencia (especialmente, en los casos en que la empresa que busca cubrir un puesto prefiera mantener inicialmente el anonimato);
— gestionada íntegramente por una agencia de selección y de recursos humanos que, después, propone un abanico de candidaturas posibles a la empresa.

En los dos primeros casos, el destinatario puede ser el responsable de personal, si se trata de una gran empresa; o bien, la persona con la que se deba colaborar. En el último caso, sin embargo, la carta de acompañamiento es leída y valorada por el seleccionador de la agencia de recursos humanos.

Es importante comprender claramente a quién nos dirigimos, porque ello nos permitirá adecuar el estilo y la manera de formular nuestras peticiones de información sobre la empresa. Por ejemplo, si nos dirigimos a una sociedad de recursos humanos para pedir aclaraciones sobre una oferta de empleo, no diremos: «su empresa», sino «la empresa en cuestión», «la empresa de su cliente», «la sociedad que Uds. representan», etc.

Cometer pequeños errores es signo de falta de atención, que pueden predisponer a nuestro interlocutor contra quien escribe e, incluso, hacerle dudar de nuestra capacidad de percepción.

EL CONTENIDO DE LA CARTA

Esta elección es absolutamente personal, a menos que el anuncio dé instrucciones precisas al respecto. En los últimos años, algunas empresas prestan atención a los rasgos grafológicos, es decir, al estudio de la expresión de rasgos de la propia personalidad en la caligrafía. Si tenemos una escritura agradable y, sobre todo, muy clara, podemos escribir a mano la carta de acompañamiento; en cualquier caso, no olvidemos nunca firmarla de puño y letra.

Incluso en el caso en que se pida que el currículum sea manuscrito y temamos que nuestra caligrafía no sea lo suficientemente clara, escribiremos la carta a mano y podemos hacerla acompañar de un folio mecanografiado con nuestros datos fundamentales.

¿A MANO O A MÁQUINA?

Ya hemos visto en la página 40 cómo se ha de presentar de forma gráfica la carta. Hemos de indicar el código de referencia del anuncio, la fecha y la cabecera bajo la que ha aparecido el anuncio, o bien, el apartado postal.

El objetivo de esta carta puede ser:

— presentar brevemente el resto de los folios y sencillamente escribir las fórmulas de saludo, sin añadir nada a lo ya escrito en el currículum;
— precisar o subrayar algunos detalles;
— indicar algunos motivos de particular interés para un determinado puesto.

LA CARTA DE CORTESÍA: EJEMPLO

Veamos una carta de acompañamiento adecuada al ejemplo de la página 69; Juan GARCÍA PÉREZ, que opta a un puesto de gestión y tramitación de pedidos.

```
JUAN GARCÍA PÉREZ
C/ Demóstenes, 123
08028 - BARCELONA
Tel. 93 - 1234567
```

Barcelona, 24 de marzo de 1992

A la atención de
SELECCIÓN, S. A.
C/ Mandri, 365
08016 BARCELONA

Asunto: Ref.: AB/456

Con referencia a su anuncio sobre la oferta que Uds. hacen para un puesto de gestión y tramitación de pedidos de clientes, les presento mi propia candidatura.

Con la presente carta les envío mi currículum vitae y estoy a su disposición para cualquier información posterior.

Atentamente

Juan García

Se adjunta: currículum vitae

Veamos ahora una carta dirigida directamente a la empresa para conseguir el puesto de técnico de laboratorio (véase el anuncio en pág. 73).

```
Juan García Pérez
C/ Demóstenes, 123
08028 - BARCELONA
Tel. 93 - 1234567
```

                                        Barcelona, 24 de marzo de 1992

Asunto: Ref. 567/B, La Vanguardia, 23.03.92

Estimados señores,

Respondiendo a su petición, les envío mi currículum vitae manuscrito, que espero sea de su interés.

Quedo a su disposición para una posible entrevista y les presento mis más atentos saludos.

                                        (firma) ....

Documentación adjunta: ....

LA CARTA QUE APORTA ACLARACIONES

Intentemos ahora escribir la carta de María Ruiz para la solicitud al puesto de adjunto al departamento de control de gestión, de la página 79.

```
María RUIZ GÓMEZ
C/ Ros, 123
GERONA

Tel. 972 - 23456
(localizable también en 972 - 123456)
```

Gerona, 20 de febrero de 1992

SELCO, S. A.
C/ Sócrates, 234
Gerona

Su Ref.: BH 678

Estimados señores,

Creo responder a los requisitos solicitados para el cargo que Uds. ponen a disposición, por ello, les envío mi currículum vitae.

Deseo subrayar que la empresa en la que he trabajado hasta la fecha, que trabaja sobre pedidos de los clientes, requiere una particular atención a los aspectos financieros.

Estoy a la disposición de Uds. para una entrevista en que les puedo dar más detalles.

Atentamente

María Ruiz

Adjunto: ....

> Veamos ahora la propuesta de Esteban PAREDES como responsable de la sucursal de Lyon (véase anuncio de la pág. 86).

```
Esteban PAREDES DÍAZ
C/ Zurita, 59
28012 - Madrid
Tel. 91 - 1234567
(localizable también en tel. 91 - 7654321)
```

Madrid, 30 de marzo de 1992

TASK, S. L.
C/ Mayor, 322
28002 MADRID

Asunto: Ref. 5678. Responsable de filial en Lyon.

Estimados Sres.:

Por motivos familiares estoy dispuesto a trasladarme a Francia; el anuncio de Uds. que prevé una próxima apertura de una sucursal en Lyon ha llamado inmediatamente mi atención.

Les propongo, pues, mi solicitud para ocupar el puesto de trabajo que Uds. ofertan, ya que creo que poseo los requisitos exigidos por Uds. Me gustaría mantener una entrevista con Uds. para darles más informaciones que les pudieran ser útiles.

En espera de su atenta respuesta, les saluda respetuosamente

Esteban Paredes

Adjunto currículum vitae

Finalmente, supongamos que Antonio Pérez (véase el currículum presentado en la pág. 90), responda al anuncio de búsqueda de un adjunto a la Dirección de Marketing para una empresa multinacional, líder en el sector del chocolate.

```
Antonio Pérez Ruiz
C/ Valencia, 118
28012 Madrid
Tel. 91 - 876543

                            Barcelona, 30 de mayo de 1992

                            ABC, S. A.
                            Dirección de Personal
                            C/ Independencia, 1
                            080026 - Barcelona


Asunto: Su anuncio del 26 de mayo.

Con referencia a su anuncio que buscaba un adjunto para la Direc-
ción de Marketing, les envío mi currículum vitae.

Quisiera expresarles que me siento especialmente interesado en co-
laborar con una empresa cuya política de marketing se considera
como un punto de referencia en el sector alimentario.

Estoy a disposición de Uds. para una posible entrevista. Atenta-
mente les saluda.

                            (firma) ....................


Adjunto: ....................
```

LAS RESPUESTAS A ANUNCIOS «ORIGINALES»

Cuando escribimos a alguien, se ha de sintonizar con su estilo. Los anuncios de búsqueda de personal, generalmente, se asemejan en el fondo y en la forma, y, por ello, basta elaborar una respuesta coherente con el tipo de responsabilidades que queremos desempeñar.

Sin embargo, a veces, los anuncios se formulan de forma original, con la finalidad de llamar la atención. Veamos un ejemplo:

Creemos en la simpatía natural y hemos encontrado a un joven licenciado que nos ha convencido. Es un ingeniero emprendedor, capaz de delegar tareas en personas inteligentes y dinámicas. Para él seleccionaremos el puesto de

RESPONSABLE DE CONTROL DE CALIDAD
(preferentemente ingeniero mecánico)

que haya trabajado durante dos años, como mínimo, en tareas de producción.

Nuestro concepto de calidad empresarial, en una empresa que ha nacido en una zona industrial y se ha desarrollado por todo el territorio nacional, se expondrá detalladamente en un curso de formación que se impartirá durante tres meses en Amsterdam **(se exige un buen nivel de inglés)**.

Enviar el currículum vitae citando la Ref. Prod. 345.
Contactaremos con los candidatos interesados en los próximos 30 días.

XYZ, S. A., Plaza de España, 1. 08003 BARCELONA

Ante un anuncio como este se puede responder de forma neutra, o bien, asumir algunos puntos que nos permitan utilizar su mismo estilo.

Veamos en esta página y en la página siguiente, dos ejemplos posibles de respuesta a este tipo de anuncio.

(REMITENTE)

(fecha)

XYZ, S. L.
Plaza de España, 1
08003 Barcelona

Asunto: Su anuncio de ......, en ....
        Ref. Pro. 345

Respondo al anuncio de Uds. que ofertan un puesto para responsable de calidad y les envío mi currículum vitae.

Estoy a su disposición para las informaciones que precisen.
Atentamente:

(firma) ....

Adjunto: ....

(REMITENTE)

(fecha)

XYZ, S. L.
Plaza de España, 1
08003 Barcelona

Asunto: Su anuncio del ....., en ....
Referencia: Prod. 345

Estimados Sres.:

Siempre he estado preocupado por la calidad y, naturalmente, entre otros motivos, este sector sigue siendo mi verdadera pasión.

Actualmente estoy interesado en considerar las propuestas de una empresa de dimensiones medias y en la que pueda enriquecer mi propia especialidad y, al mismo tiempo, actuar con mayor autonomía y responsabilidad.

Les adjunto mi currículum, que espero sea de su interés y quedo a la espera de su atenta respuesta.

Con mis saludos más atentos:

(firma) ....

Adjunto: ....

¿QUÉ SE HA DE AÑADIR A UN CURRÍCULUM?

No es necesario adjuntar nada a la carta que acompaña al currículum; incluso en el caso de que se pida específicamente alguna información, esta ha de ser atentamente examinada antes de enviarla.

No olvidemos que nuestro objetivo en esta primera fase es conseguir una entrevista y, por tanto, suscitar una curiosidad que sólo puede satisfacerse durante el curso de la misma: teniendo en cuenta este objetivo, el hecho de enviar demasiada información puede ser un exceso e, incluso, contraproducente.

Recordemos, por otra parte, que no podemos estar seguros de que se nos devuelva lo que hemos enviado. Por tanto, es preferible enviar fotocopias de los documentos y conservar en nuestro poder los originales.

6

El currículum para Europa: qué escribir en inglés, francés, alemán, italiano y portugués

¿QUÉ ARGUMENTOS TRATAR EN LOS CURRÍCULUM ESCRITOS EN OTRA LENGUA?

La primera dificultad que uno se encuentra a la hora de responder a un anuncio en lengua extranjera es, evidentemente, la dificultad misma de la lengua. Escribir un currículum exige la utilización de palabras poco comunes.

En este capítulo se proponen algunos ejemplos de currículum y cartas de presentación, escritos en diversos idiomas.

En caso de responder a un anuncio escrito en lengua extranjera, es siempre aconsejable responder en la misma lengua en que se ha publicado el anuncio.

Si es posible, hagamos revisar nuestro texto por alguna persona cuya lengua materna sea la que usamos en el currículum.

Escribir un currículum en otra lengua no es, sin embargo, una traducción literal de lo que podríamos escribir en nuestro propio idioma. Además de la corrección gramatical, es necesario tener en cuenta las costumbres y las formas propias de selección y, especialmente, el estilo propio de escribir el currículum vitae en cada país. Es muy probable que una empresa o sociedad extranjera, que se dispone a abrir una sucursal en España, utilice, especialmente para los cuadros medios y altos, funcionarios de la casa central que asuman los criterios propios de la filosofía consolidada en la empresa; en este caso, ciertas ingenuidades, omisiones o inexactitudes pueden influir negativamente sobre nuestras aspiraciones.

Existen algunas reglas y particularidades que se han de conocer y aplicar sobre las informaciones que se ofrecen, el tono que se ha de utilizar, los documentos que se deben añadir y la misma presentación gráfica del currículum.

EL CURRÍCULUM EN INGLÉS

El currículum en inglés, mecanografiado, ha de presentar los datos personales de forma muy escueta: nombre, dirección, número de teléfono y fecha de nacimiento. Es un error subrayar las informaciones sobre la vida privada y los intereses personales. Por tanto, no se han de detallar los datos físicos o referencias a las opciones políticas o religiosas.

Para un extranjero que opta a un empleo en un país anglosajón puede ser de utilidad añadir los diplomas, certificados y títulos académicos que se han conseguido en los exámenes de inglés, como garantía de su buen conocimiento de la lengua inglesa.

La *carta de presentación* ha de ser mecanografiada y más bien breve y escrita con un estilo formal.

Evidentemente, el currículum de un recién licenciado ha de contener más informaciones sobre su experiencia académica, formativa y sobre sus relaciones sociales; quien ya tiene experiencia profesional, sin embargo, ha de acentuar sobre todo los cargos que ha desempeñado, los objetivos que ha conseguido, las responsabilidades que se le han confiado y su capacidad de relación.

Una última recomendación, válida particularmente para este caso: hemos de ser positivos y no hacer ningún tipo de referencia a eventuales fracasos o falta de experiencia.

Veamos un posible esquema.

PERSONAL HISTORY (CURRICULUM VITAE)

Personal Details

NAME:
ADRESS:
TELEPHONE NUMBER:
DATE OF BIRTH:

Education

COLLEGE ATTENDED: Nombre del Instituto, años, calificación.

PROFESSIONAL EXAMINATIONS

COURSES ATTENDED: Indicar los cursos relevantes o de mayor interés.

Career Profile

Dos o tres frases breves para ofrecer un panorama general de la propia experiencia y competencia.

Career History (Work or Professional Experience)

(en orden no cronológico)

NAME OF THE COMPANY AND DATES: (sólo los años)
TITLE OF THE JOB: explicarlo, en caso de que sea ambiguo.
RESPONSIBLE FOR: áreas de trabajo, dimensiones del presupuesto, departamentos, etc.
ACHIEVEMENTS: cuantificar los resultados, describir los proyectos y los sistemas.
Se ha de repetir el mismo proceso para cada una de las empresas o en el caso de que se hayan dado cambios significativos de cargo en el seno de la misma empresa.

Languages

Idiomas y nivel de conocimiento.

Personal Details

ASSOCIATIONS: Pertenencia a sociedades y cargo o papel que se desempeña.

INTERESTS AND ACTIVITIES: No se han de indicar demasiados.

Ejemplo de currículum vitae de un joven licenciado.

```
PERSONAL HISTORY

Personal Details

NAME:                        Pedro BUENO GARCÍA
ADRESS:                      C/ Mandri, 327 - 08022 Barcelona
TELEPHONE NUMBER:            93 - 1234567
DATE OF BIRTH:               21st April, 1970
```

Education

I.T.I.S., Barcelona: High School Diploma, 8/10, 1989 (Título de Ingeniero Técnico).

INFOCENTER, Barcelona: Training course on Personal Computers, 1991.

Foreign Languages

ENGLISH: excellent (spoken and written)
FRENCH: good working knowledge (written)

Work Experience

SOFT & Cía., Barcelona (1991)
I have worked 2 months as a trainee in a software house, training on computers programming.

PC SL., Barcelona (1992)
Computer operator for word processing and general back-up service. Contacts with customers by fax, telex and letters.

Other information

I enjoy travelling abroad and listening to music.

Veamos ahora un ejemplo de carta de acompañamiento.

```
                                                    Your Address

                                                    Date

The Name and Position
of Contact
Name and Address of Firm


Dear Mr/Ms/Sirs,

            I wish to apply for the post of ..................... as
advertised in the Manchester Evening News on ...........
            I am interested in this post because ..................
............................................................................

            I have enclosed my Personal Information Sheet which
gives an outline of my education, training and work experience to
date.

            I do hope you will consider me for the post. I am
available for the interview at any time.

            I look forward to hearing from you.

            Yours sincerely,

            (signature)
```

EL CURRÍCULUM EN FRANCÉS

En francés, el currículum ha de ser más bien sintético, tiende a eliminar informaciones superfluas o faltas de interés para el puesto que se desea cubrir. Sin embargo, no se debe renunciar a cierta originalidad, tanto en la forma gráfica como en la descripción de los motivos y del interés que mueven a enviar el currículum a una determinada empresa.

El currículum se ha de enviar mecanografiado, mientras que la carta de presentación ha de ser manuscrita, dado que los franceses dan una considerable importancia a la grafología. El interés por los hobbies y los deportes que se practican está al mismo nivel que la atención por las actitudes personales; se ha de adjuntar siempre una fotografía.

El planteamiento no ha de ser cronológico, tanto en lo que se refiere a la formación como a las experiencias profesionales. Veamos en el ejemplo una matriz muy amplia, que puede limitarse y modificarse según las exigencias.

Un posible esquema.

```
CURRICULUM VITAE                                    (FOTOGRAFÍA)

NOM:
AGE: fecha de nacimiento, edad
TAILLE: facultativo
NACIONALITÉ:
DOMICILE:
TÉLÉPHONE:

SITUATION DE FAMILLE: nombre y edad de los hijos.

FORMATION

ÉTUDES SUPÉRIEURES: duración, instituto o facultad, lugar.

ÉTUDES SECONDAIRES: duración, instituto, lugar.

ACTIVITÉS PARA-SCOLAIRES

STAGES

FORMATION CONTINUE: temas de la formación permanente, duración y fre-
cuencia, lugar.

LANGES
Parlé..., Lu ..., Écrit ..., Compris ...
Este esquema se ha de aplicar a cada lengua, incluida la lengua ma-
terna. Se ha de indicar: maternelle, couramment, très bien, o bien, de-
jarlo en blanco.

ACTIVITÉS EXTRA-PROFESSIONNELLES (NON PROFESSIONNELLES)
Deportes, sociedades: indicar el papel que se desempeña y los resulta-
dos.

SERVICE (SITUATION) MILITAIRE
Duración, arma, lugar, grado, realizaciones prácticas.

OBJECTIF PROFESSIONNEL
Resumir en dos o tres líneas, muy sintéticas, los propios objetivos
profesionales o las funciones a las que se aspira.

EXPÉRIENCES PROFESSIONNELLES
Fecha, nombre de la empresa, descripción de la actividad, de los pro-
ductos, la función propia que se ha desempeñado, las propias realiza-
ciones y las responsabilidades desempeñadas.
```

Escribamos ahora en francés el currículum del señor Pedro Bueno.

CURRICULUM VITAE (PHOTO)

NOM: Pedro BUENO GARCÍA
AGE: 22 ANS. Né le 21 avril 1970
NACIONALITÉ: spagnol
DOMICILE: C/ Mandri, 327 - 08022 Barcelona
TÉLÉPHONE: 93 - 1234567

Situation de famille

Célibataire. Deux frères.

Formation

D'octobre 1984 à juin 1989: I.T.I.S., Barcelona (Título de Ingeniero técnico).

De janvier 1991 à juin 1991: INFOCENTER, Barcelona. Cours de Formation sur Ordinateur.

Langues

SPAGNOL: langue maternelle.
ANGLAIS: couramment (parlé, écrit).
FRANÇAIS: bien (parlé, écrit).

Expériences professionnelles

SOFT & Cía. Barcelona (1991)
J'ai travaillé pendant deus mois comme stagiaire dans une société d'informatique, en qualité de programmeur.

PC SL, Barcelona (1991)
Opérateur informatique: traitement de texte et services d'archives générales. Contact avec les clients per fax, telex et lettre.

Service militaire

Effectué pendant 12 mois dans la marine. Trois mois de service sur le porte-avions «L'Atlante».

Activités extra-curriculaires

Voyages à l'étranger et musique.

Veamos ahora un ejemplo de carta de presentación del currículum.

```
NOM                                    Nom
DOMICILE                               Position
THÉLÉPHONE                             Société

(vuestros datos)                       (datos del destinatario)

                                       Date
```

Monsieur,

Dans votre annonce parue dans le journal «Le Monde» du 30 mars 1992, vous recherchez un directeur commercial.

Je pense que ma candidature pourrait vous intéresser étant donné mes qualifications. C'est la raison pour laquelle je joins à cette lettre mon curriculum vitæ.

Je me tiens à votre entière disposition pour un entretien, et vous prie de croire, Monsieur, à l'expression de mes sentiments distingués.

(..........)

P.S. Curriculum vitæ.

EL CURRÍCULUM EN ALEMÁN

En alemán se han de presentar, tanto el currículum como la carta de presentación, siempre mecanografiados y acompañados de la fotografía. Ha de dar una imagen de absoluta precisión, seriedad y confianza.

Es habitual indicar el nombre y la profesión de los padres. El currículum profesional ha de ser muy detallado y es oportuno añadir la fotocopia de los diplomas, certificados y títulos referente a los cursos de formación, prácticas y trabajos, realizados anteriormente.

Las informaciones sobre la vida privada y los intereses personales, tampoco son en este caso, de ningún interés para la empresa que proporcionará el trabajo. La carta de acompañamiento ha de explicar los motivos que han suscitado el interés por determinada empresa y puesto de trabajo y ha de demostrar, en la medida de lo posible, un conocimiento de las actividades de la empresa.

Veamos un posible esquema.

LEBENSLAUF

Personalien

Vor- und Zurname:
Anschrifit:
Telefon:
Geboren am: fecha de nacimiento, edad.
Vater: nombre y profesión del padre.

Schulbildung

Volksschule: fecha y lugar, título conseguido.
Mittel- oder Oberschule: fechas, tipo de instituto académico, lugar y títulos acreditativos.
Fachschule: fechas, tipo de institución académica, lugar y títulos acreditativos.
Universität: facultad, fechas, exámenes y títulos.

Militärzeit

Fechas, cuerpo y eventuales responsabilidades desempeñadas.

Berufsausbildung

Lehrzeit: fechas, lugar, especializaciones, exámenes.
Spezialausbildung: fechas, tipo de cursos, o bien, en caso de ser un autodidacta, indicar los libros estudiados.

Berufserfahrung

Fechas, nombre de la empresa, tipo de actividades, responsabilidades desempeñadas.

Veamos ahora el currículum de un joven licenciado.

```
Juan GARCÍA SÁNCHEZ
C/ Honduras, 98
08027 - BARCELONA


LEBENSLAUF

NAME                    Juan García Sánchez

HERKUNFT                Geboren am 20.10.1974
                        Vater: Ricardo GARCÍA RUIZ, Comerciante.

SCHULBILDUNG            5 Jahre Grundschule in Barcelona.
                        8 Jahre Oberschule in Barcelona.

SPRACHLICHE
AUSBILDUNG              English un Deutsch in Wort und Schrift.
                        Auslandsaufenthalte in England während
                        Schulferien (1989)


BERUFSAUSBILDUNG        Machinenschreiben und Stenographie.
                        Lehrzeit bei der Firma Sola, Barcelona, 1990-1991.

PRÜFUNGEN               Abschlußprúfung der Höheren Handelsschule,
                        Prädicat «gut»


Barcelona, den 24. Mai 1993

(Juan García Sánchez)
```

Veamos ahora un ejemplo de carta de acompañamiento.

Barcelona, den 24. Mai 1993

Juan GARCÍA SÁNCHEZ
C/ Honduras, 98
08027 - BARCELONA

LEDERWARENFRABRIK
BLAUM
Hochstraße 8
8 MÜNCHEN 13

Sehr geehrte Damen und Herren!

Ich bewerbe mich aufgrund Ihrer (in bezug auf Ihre) Anzeige in der Frankfurter Tageszeitung vom 23. Februar.

Ich bin seit zwei Jahren im Handel tätig und suche eine neue Stelle als Kaufmann.

Ich würde mich freuen, wenn ich mich bei Ihnen persönlich vorstellen dürfte.

Hochachtungsvoll

(Juan García Sánchez)

Anlagen

Lebenslauf
Zeugnisabschriften

EL CURRÍCULUM EN ITALIANO

En italiano el currículum es menos sintético con respecto a todos cuantos hemos visto hasta ahora: se admiten incluso hasta cuatro o cinco páginas; la descripción de la experiencia profesional puede tener un tono discursivo, casi como la carta de presentación.

Es importante mencionar los intereses personales y, en algunos casos, otras actividades, como los deportes que se practican; no se deben indicar, sin embargo, los datos personales.

En los países latinos se tienen en gran consideración las relaciones personales, por ello, es también habitual indicar el nombre de alguna persona que pueda dar referencias sobre las capacidades profesionales y personales del candidato.

El orden de exposición puede ser el cronológico, el no cronológico o el funcional, según las circunstancias.

Un posible esquema.

CURRICULUM VITAE

Dati personali

NOME E COGNOME: nombre completo
LUOGO E DATA DI NASCITA:
STATO CIVILE:
INDIRIZZO:
TELEFONO:
POSIZIONE MILITAR:
FOTOGRAFIA: En caso de que se pida.

Studi e Formazione

FORMAZIONE SCOLASTICA: La formación que ha tenido lugar en escuelas, colegios e institutos reconocidos.
Indicar las fechas de comienzo y fin de los estudios, el instituto en el que se han desarrollado y las facultades universitarias.

FORMAZIONE NO SCOLASTICA: Formación realizada en instituciones que no ofrecen la enseñanza oficial.
Indicar los cursos de especialización, los master, congresos y seminarios, y los estudios individuales.

Lingue straniere

Se ha de indicar el nivel de conocimiento de cada uno de los idiomas que se conocen, tanto de la lengua escrita, como hablada y su nivel de comprensión.

Esperienze lavorative

Se han de indicar las distintas experiencias laborales desarrolladas en cada una de las empresas, su duración, el sector en el que se ha trabajado, el tipo de contrato, las responsabilidades desempeñadas y la categoría profesional.

Altre informazione

Indicar la disponibilidad actual para entrar en la nueva empresa y las condiciones del trabajo actual.
En esta sección se pueden indicar también los hobbies y alguna otra característica personal.
Se puede añadir también, la posesión de carnet de conducir, si se posee o no vehículo propio y la disponibilidad para viajes y traslados.

Veamos el ejemplo de un currículum sintético.

CURRICULUM VITAE

DATI PERSONALI

Nome e Cognome:	Manuel RODRÍGUEZ
Luogo e Data di nascita:	Barcellona, 20 giugno 1970
Stato civile:	Celibe
Indirizzo:	Via Laietana, 70, 08003 BARCELONA
Telefono:	02/234.5678
Posizione militare:	Assolto (Fanteria, mar. '90/mar.'91)

STUDI E FORMAZIONE

1989: Diploma di Ragioneria conseguito presso l'Istituto Tecnico EINAUDI di Barcellona, con votazione 8.

1991: Corso di Gestione Aziendale con supporto informatico, durata 600 hore, Istituto COMPUTER Barcellona.

LINGUE STRANIERE

INGLESE: buono, con conoscenza di termini commerciali.
FRANCESE: discreto.

ESPERIENZE LAVORATIVE

1988-1991: Attività saltuaria di allestimento stand in occasione di manifestazione fieristiche.

OTT.'89/FEB.'90: Lezioni di inglese ad allievi di scuola media.

DIC.'91/GEN.'92: Collaborazione ad attività familiare per il controllo giacenze di magazzino e la stesura dell'inventario.

ALTRE INFORMAZIONI

Interesato all'inserimento nell'area amministrativo-commerciale di un'azienda dell'area Nord di Milano.
Munito di patente B.
Disponibile a viaggi e trasferte.

Veamos ahora la carta de acompañamiento.

```
MANUEL RODRÍGUEZ
Via Laietana, 70
08003 BARCELONA
Tel. 93 - 246 71 81
```

Barcellona, 24 marzo 1992

Spettabile
SELEZIONE SPA
Via Torino 1
20100 MILANO

Oggetto: Vs. rif. AB/456

In riferimento all'inserzione in oggetto per la posizione di gestione ordini clienti, desidero sottoporVi la mia candidatura.

Allego alla presente il mio curriculum vitae e sono a Vostra disposizione per qualsiasi ultieriore informazione.

Con i migliori saluti

Manuel Rodríguez

All. Curriculum vitae

EL CURRÍCULUM EN PORTUGUÉS

El currículum en portugués es, sin duda, el menos sintético; es importante rellenar, al menos, cinco páginas, hasta llegar a un máximo de 10, incluso en el caso de un joven licenciado.

Se ha de hacer una descripción analítica de todos los seminarios y cursos en los que se ha participado. Sólo en caso de que no se tenga experiencia laboral previa, se han de insertar en el currículum los intereses personales y los hobbies.

El currículum se ha de escribir utilizando la tercera persona, de forma no cronológica y no ha de contener ningún tipo de comentarios sobre las diversas actividades; no se han de indicar referencias, ni la remuneración actual y no se ha de añadir ninguna fotografía.

En la carta de acompañamiento se debe explicar, sin embargo, y de forma detallada los motivos por los que se presenta la candidatura a un determinado puesto.

Veamos un posible ejemplo.

CURRICULUM VITAE

NOME:

ESTADO CIVIL: en caso de tener hijos, se ha de indicar el número.

NACIONALIDADE:

DATA DE NASCIMENTO:

RESIDÊNCIA:

CONHECIMENTOS LINGUÍSTICOS: especificar para cada lengua, comprendida la lengua materna, el nivel de conocimiento (muito bom, bom, razoàvel, mau), especificado en sus distintas posibilidades: hablado, leído, escrito (falar, ler, escrever).

CONHECIMENTOS INFORMÁTICOS: especificar si se tienen conocimientos de programación o, sencillamente, a nivel de usuario. Citar los lenguajes que se conocen o los programas y paquetes informáticos que se dominan.

FORMAÇÃO ACADÉMICA: los jóvenes han de citar su formación académica a partir de la escuela superior; las personas que tienen, al menos, 3 años de experiencia laboral, han de indicar únicamente los estudios universitarios realizados.

ACTIVIDADE PROFISSIONAL:

FORMAÇÃO PROFISSIONAL:

EXPERIÊNCIA RELEVANTE: en este apartado se han de describir únicamente las experiencias que aportan una cualificación directamente relacionada con la posición que se pretende.

OUTRA: otras informaciones.

SERVIÇO MILITAR: si las responsabilidades desempeñadas tienen alguna importancia para el currículum, se pueden incluir entre las experiencias profesionales, de lo contrario, se indica sencillamente la duración del servicio militar.

> Veamos el currículum de un licenciado con algunos años de experiencia.

CURRICULUM VITAE

NOME: Luis FERNÁNDEZ MOR
ESTADO CIVIL: Casado
NACIONALIDADE: Espanhola
DATA DE NASCIMENTO: 24 de Agosto 1965
RESIDENCIA: C/ Edison, 99
                         08018 - Barcelona
                         Tel. 93 - 1234567

CONHECIMENTOS LINGUÍSTICOS:

	Espanhol	Inglês	Francês	Português
LER	M. Bom	M. Bom	M. Bom	M. Bom
ESCREVER	M. Bom	Bom	Medio	Mau
FALAR	M. Bom	Bom	Medio	Bom

FORMAÇÃO ACADÉMICA:

Faculdade de Economia Universidade de Barcelona
Licenciatura em Economia, 1982/87

Faculdade de Ciências Humanas da Universidade de Barcelona
Curso de Pós-Licenciatura em Estudos Europeus, vertente ecónomica, 1986/87

ACTIVIDADE PROFISSIONAL:

Desde Nov de 1989
MACRO ESTUDOS — Consultoria e Auditoria
Director, Departamento de Consultoria de Gestão, responsável pela área de «Business Planning»

Desde Outubro de 1990
INSTITUTO SUPERIOR DE CIENCIAS DO TRABALHO E DA EMPRESA
Assistente Convidado, docente e coordenador da disciplina de Marketing Internacional da Licenciatura de Organização e Gestão de Empresas.

Fev 1990 a Outubro 1991
INSTITUTO PORTUGUES DE ADMINISTRAÇÃO DE MARKETING
Docente e responsável pela disciplina de Marketing Internacional do Curso de Administração de Marketing

Janeiro a nov de 1989	CONSELHO FISCAL DOS ESTABELECIMENTOS FABRIS DO EXÉRCITO Aspirante a Oficial Miliciano (Serviço Militar Obrigatório), funções de assessoria económico-financeira ao Conselho
Agosto 1987 a Nov 1989	I.C.E.: Istituo per il Commercio Estero Técnico Superior, Direcçao de Serviço de Bens de Consumo, sectores de vinhos de mesa, cervejas e águas
Fev a Julho de 1987	CASSA DI RISPARMIO DE CATALUNYA Estagiário, Direcçao Regional de Barcelona, Dependência Central

FORMAÇÃO PROFISSIONAL:

1991	Workshop sobre aspectos gerais de marketing, Prof. Ulrich Freitag, FHW, Pforzheim, ISCTE, Lisboa
	Ciclo de conferências «Janelas para o futuro da Gestão», INDEG/ISCTE, Roma
1990	Gestão do Producto, XYZAB, Barcelona. Avaliação de Empresas, DATINSVEST, Barcelona
1988	Developing country export competitiveness in manufactered goods, SDA, New York University

EXPERIENCIA RELEVANTE

Como consultor

* Preparação e monitoragem de um seminário de planeamento estratégico em Cabo Verde para oito empresas públicas, a convite do Senhor Ministro de Economia. 1992.

* Avaliação da sociedade Politech. 1991.

* Estudo sobre o sector financeiro em Portugal: «As perpectivas de evolução 1991-1995». 1990/1991.

* Diagnóstocos estratégicos e organizacionalis de sociedades dos Grupos CENTROCOM e GEO. 1990/1991.

* Gestão de um programa de promoção de productos em comunitários no Japão, promovido e financiado pela Commissão Europeia. 1989/1990.

* Diversos estudos de análise económico-financeira. Clientes: Grupos SOLIDO, ABC, XYZ.

Como docente / formador

* Seminário de planeamento estratégico para oito empresas públicas, a convite do Senhor Ministro da Economia. 1992.

* Docente do IPAM, responsável pela cadeira de Marketing Internacional do Curso de Administração de Marketing, 1989/1990.

* Comunicação na AIM - Assoociação dos Industrials de Malhas no âmbito do programa da Commissão Europeia de «Promoção de Produtos Comunitários no Japão», em 1991.

* Monitor do módulo «Políticas Comunitárias» do curso «Gestão empresarial com apoio informático» na COPRAI, em 1988.

Outra

* Estudo de viabilidade económico-financeira e análise dos desvios orçamentais do Laboratório Militar de Productos Químicos e Farmacêuticos. 1989.

* Presença na «London Wine Trade Fair», em Londres e na «Semana de Lisboa em Roma» em representação do ICEP. 1988.

Publicaçoes

* Os preços nos mercados internacionais, síntese teórica. A publicar.

* Integração europeia e problemas, Nova Economia, no. 3, Dez 1988.

* 1987 Vinhos de Mesa aumentam exporações, ESPORTARE, no. 3, Set/Out 1988.

> Veamos, finalmente, un ejemplo de carta que describe ampliamente las motivaciones para acceder al puesto ofrecido.

11 de Maio de 1992

ALFA
P. das Americas - tr. 414°
1100 - LISBOA

Á atenção do Exmo. Sr. Director de Recursos Humanos

Exmos. Senhores,

Na sequência de contactos realizados com V. Exas. junto tenho o prazer de enviar o meu curriculum vitae, o qual engloba quer a minha experiencia profissional, quer a formação academica e profissional.

Tal como V. Exas. poderão observar, a minha carreira tem sido direccionada para assuntos relativos aos negócios internacionais, especialmente numa dupla vertente de consultor/técnico e de formador. Actualmente ocupo a posição de Director da área de «Business Planning» da Divisao de Consultoria de Gestão da Macro Estudos. Nesta função, para além da supervisão técnica dos serviços prestados, tenho também como competências específicas a venda e promoção de serviços, assim como a gestao permanente de uma equipa de consultores especializados. Tenho desenvolvido a minha actividade nos mais diversos sectores de actividade e, especialmente, nas áreas de estratégia, marketing e análise económico-financeira.

Tendo a profunda convincção de que o perfil que demonstro se poderá enquadrar na actividade que V. Exas. desenvolvem, gostaria de solicitar a V. Exas. a oportunidade de discutir em maior pormenor as minhas capacidades e ambições a nivel profissional.
Para esse efeito coloco-me à inteira disposição de V. Exas. para a marcação de uma reunião.

Agradecendo o tempo que me dispensaram, apresento a V. Exas. os meus melhors cumprimentos.

Luis Fernández Mor

7

La carta de autocandidatura para ofrecernos directamente a una empresa

ESTRATEGIAS DE BÚSQUEDA: LA CANDIDATURA ESPONTÁNEA

La carta de presentación o de autocandidatura es una carta con la cual el candidato se presenta a sí mismo y directamente a una empresa que, por el motivo que fuere, juzga interesante. No se trata, pues, de una respuesta a una búsqueda de personal promovida por la empresa, sino de un movimiento espontáneo por parte de los candidatos que se presentan a la empresa, dispuestos a trabajar en ella y deseosos de darse a conocer.

Si esta acción se ejecuta de una forma correcta, es decir, evitando dar la impresión de que se envía el mismo currículum a todas las empresas que pueden localizarse en la guía telefónica, puede considerarse como un signo positivo de iniciativa personal y motivación para el trabajo.

Este tipo de autocandidatura espontánea presenta algunas ventajas, como son las siguientes:

— no se entra, casi nunca, en competición con otros candidatos;
— podemos adelantarnos, de una forma evidente, a alguna de las necesidades evidentes de la empresa;
— evitaremos estar sometidos a largas colas de espera;
— este tipo de acción se adapta muy bien a las necesidades de pequeñas empresas y estudios o bufetes profesionales;
— es posible que nuestro currículum quede archivado en una base de datos y utilizado en contactos futuros.

EL PLAN DE ACCIÓN

Proponer el propio currículum de forma espontánea a una empresa, aun cuando no conozcamos sus previsiones laborales, es, en todo caso, una actitud constructiva en el mundo del mercado laboral.

Es la etapa final de un análisis que se puede desglosar de la siguiente forma:

— definir el tipo de empresa que nos interesa;
— identificarlas;
— elegir la persona a la que dirigir nuestra demanda;
— encontrar su nombre;
— formular nuestra demanda;
— proponerla.

Definir el tipo de empresa que nos interesa

Según las competencias profesionales y la preparación profesional, tenemos la posibilidad de buscar la empresa en la que deseamos integrarnos para trabajar. Una vez conocidas las dimensiones de la empresa, su sector de actividad, el tipo de titularidad legal (pública, privada, mixta), su localización geográfica, sus planes de política de personal, su política de remuneración salarial y, generalmente, las características que la definen podremos escribir nuestro currículum para conseguir los puestos que realmente nos interesan.

Identificación de las empresas

Para localizar el tipo de empresa que nos interesa se pueden consultar los repertorios y anuarios (por ejemplo, el *Duns 30.000,* de Dun & Bradstreet, edición de 1993) en los que las empresas están clasificadas por zonas geográficas o por sector de actividad. En algunos anuarios (como el citado) se indica también el número de trabajadores, la facturación, las sucursales y el nombre de los responsables y directivos.

También se puede conseguir información en las asociaciones de industriales y en las Cámaras de Comercio e Industria, que disponen de detalladas y actualizadas bases de datos.

La lectura de la prensa especializada y la visita a las ferias del sector son también otras formas válidas para conocer más datos sobre las empresas de un sector particular.

Elegir la persona a la que dirigirse

Si nuestro primer objetivo es conseguir una entrevista, esta no ha de ser necesariamente con el director de personal. Sin embargo, no se ha de olvidar que, de todas formas, nuestro currículum sí que se lo hemos de dirigir a él, en caso de existir tal figura en el organigrama de la empresa.

Una estrategia que puede dar buenos resultados es la de «apuntar alto», escribiendo al presidente o al propietario de la empresa: las personas que ocupan cargos importantes no suelen tirar, generalmente, las cartas a la papelera, sino que las pasan a sus colaboradores con las instrucciones oportunas sobre lo que se ha de hacer.

Otro posible interlocutor podría ser el responsable de la sección o departamento en el que nos gustaría trabajar. Si presentamos nuestro currículum para trabajar como asesor de exportación de productos, nos dirigiremos al director comercial, quien ha de valorar si necesita una nueva persona para poder agilizar el exceso de trabajo de su departamento, o bien, para cubrir objetivos de crecimiento de su propia sección.

Encontrar el nombre

Por regla general, y, en este caso, de forma particular, es importante que las cartas sean dirigidas a una persona concreta y no de forma genérica a nombre de la empresa en cuestión. En los anuarios en que se encuentra la razón social de las empresas, se indica también el nombre de sus responsables. Si no es este el caso, podemos enviar nuestro escrito al Departamento de Personal o al Departamento de Relaciones Exteriores, explicando que queremos hacerles llegar un currículum y deseamos saber el nombre de la persona a la que nos tenemos que dirigir.

Formulación de nuestra oferta

Una vez recogida la información sobre la empresa a la que queremos dirigir nuestro currículum, hemos de preguntarnos sobre lo que podemos ofrecerle y, una vez tengamos claros todos los puntos que aportaremos, formular nuestra propuesta. Cuanto más preciso sea el perfil profesional que escribamos, tantas mayores garantías de éxito tendremos.

Propuesta

Nuestra oferta, puntual y muy cuidada, ha de reflejar sin lugar a ninguna duda que estamos interesados en formar parte de la empresa a la que nos dirigimos y, consecuentemente, que estamos informados sobre ella, sus actividades, sus objetivos básicos y su talante profesional. Ha de constar solamente de una página en la que explicamos por qué creemos oportuno mantener una entrevista con la empresa y nuestra carta será más o menos detallada, dependiendo de que le añadamos o no, un ejemplar de nuestro currículum vitae.

LOS FACTORES DE ÉXITO DE UNA CARTA DE AUTOPRESENTACIÓN

La carta ideal ha de estar compuesta por cuatro párrafos:

— apertura;
— cuerpo;
— petición de entrevista;
— saludo final y despedida.

• **Apertura:** ya hemos dicho que se ha de captar inmediatamente la atención del lector y, precisamente, es el primer párrafo el que ha de despertar la curiosidad. Sin embargo, no hemos de cometer el error de hablar de nosotros mismos. Hablemos de la empresa, que es el argumento más interesante para el lector, explicando los motivos que nos han llevado a fijarnos en ella.

• **Cuerpo:** en esta segunda parte se explicará por qué nuestra colaboración puede ser ventajosa para la empresa; nuestra disponibilidad, el conocimiento de idiomas, los resultados conseguidos en otros campos o en otras empresas (si es posible, estos resultados se han de cuantificar en cifras).

• **Petición de una entrevista:** no olvidemos que el objetivo que se pretende es, precisamente, conseguir una entrevista. Por ello, hemos de manifestar que estamos disponibles e interesados en ella, incluso anunciando que en un plazo breve haremos una llamada telefónica. A la hora de pedir una entrevista dejemos ver el aprecio y consideración que nos merece el tiempo que se nos dedicará. La persona a la que nos dirigimos es, con toda seguridad, una persona ocupada y ha de saber que no intentamos hacerle perder su tiempo.

• **Saludo de despedida:** consiste en las habituales fórmulas de cortesía.

EL PORCENTAJE DE ÉXITO

El análisis del éxito de las cartas de presentación de candidatura espontánea (véase el cuadro de la página siguiente), arroja que el 40 % de ellas reciben una oferta de empleo. En su conjunto, pues, es una actividad que si se realiza con método puede dar resultados positivos.

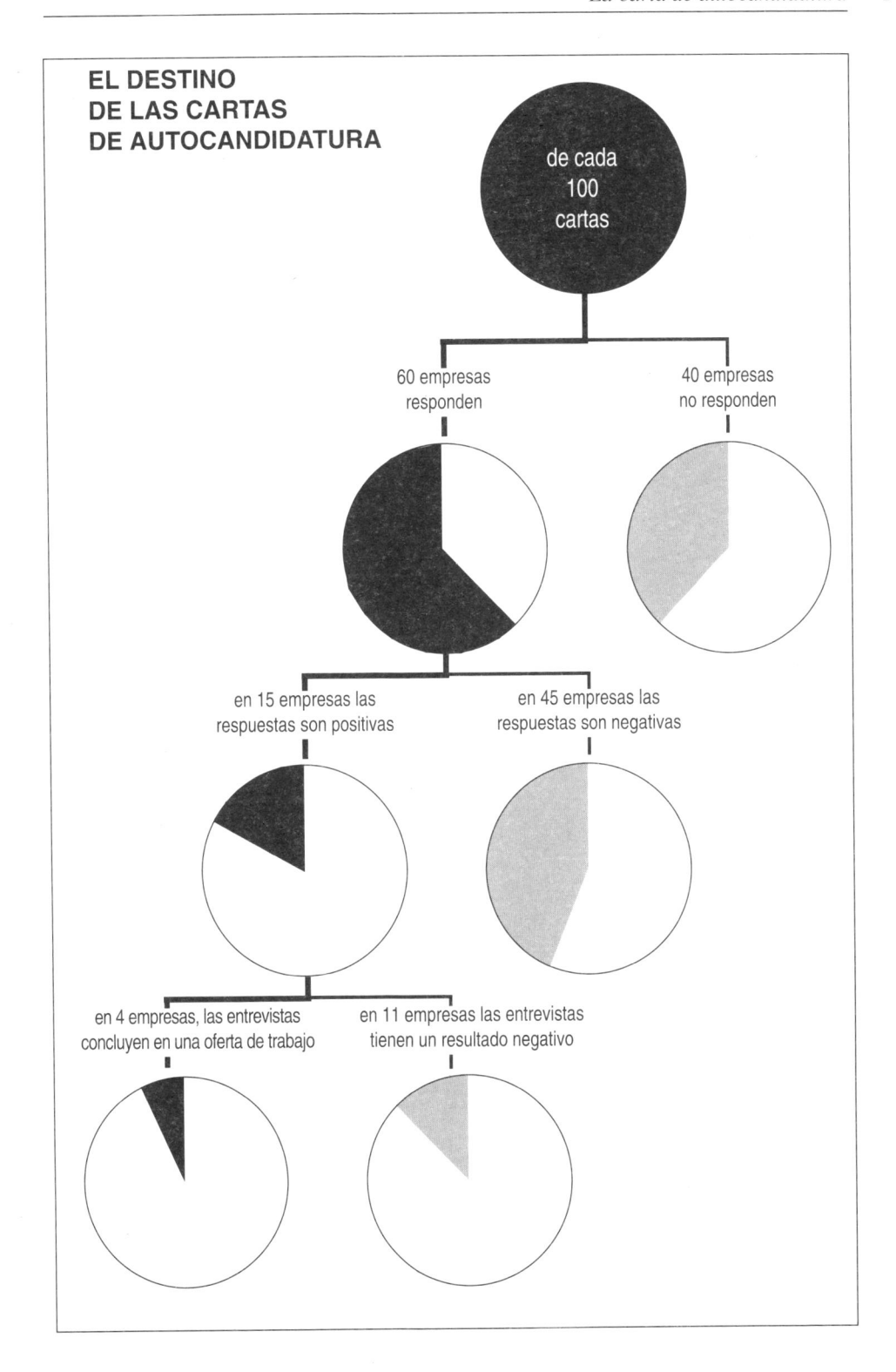

EL DESTINO DE LAS CARTAS DE AUTOCANDIDATURA

de cada 100 cartas

- 60 empresas responden
- 40 empresas no responden

- en 15 empresas las respuestas son positivas
- en 45 empresas las respuestas son negativas

- en 4 empresas, las entrevistas concluyen en una oferta de trabajo
- en 11 empresas las entrevistas tienen un resultado negativo

EJEMPLOS DE CARTAS
Veamos algunos ejemplos de cartas de autocandidatura.

EJEMPLO N.º 1
(Joven licenciado en Económicas, para un cargo administrativo)

Santiago RUIZ PONS
C/ Hernán Cortés, 123
50013 ZARAGOZA
Tel. 976 - 123456

Zaragoza, 21 de abril de 1993

Sr. D. Emilio Gómez
Director de Administración
ALFA, S. A.
Plaza Mayor, 23
50001 ZARAGOZA

Estimado señor Gómez:

Recientemente he conseguido la Licenciatura en Ciencias Económicas en la Universidad de Barcelona y estoy interesado en trabajar en la Administración de una empresa en Zaragoza; poseo los conocimientos teóricos de las leyes económicas y tengo un gran interés por la gestión administrativa y financiera de un *holding* comercial.

He tenido ocasión de leer en la prensa la reciente fusión de su empresa con el grupo FAMAR y deseo presentarle mi candidatura por si Uds. han previsto reforzar su departamento financiero.

Le agradecería que me concediera una entrevista en el curso de la cual me agradaría presentarle mi currículum vitae.

En espera de su respuesta, le saluda atentamente:

Santiago Ruiz

EJEMPLO N.º 2
(Joven secretaria con el título de Formación Profesional, rama Secretariado)

Marta JIMÉNEZ PUERTO
C/ Ancha, 123
37004 SALAMANCA

Salamanca, 30 de octubre de 1993

Sra. Luisa Rincón
Dpto. de Selección de Personal
GAMMA, S. L.
C/ Unamuno, 76
37002 SALAMANCA

Estimada señora:

He sabido que la empresa GAMMA abre una sucursal en Alemania y que sus proyectos de expansión prevén abrirse también a otros países europeos.

Le envío mi currículum vitae para el caso de que su empresa tuviera previsto potenciar la estructura del Departamento Comercial con una secretaria. Tengo una experiencia específica de dos años en tal puesto y un buen conocimiento del alemán, que he estudiado desde que tenía 10 años.

Soy una persona metódica y ordenada, acostumbrada a trabajar de forma autónoma y poseo una gran capacidad para las relaciones personales. Me alegraría poderle proporcionar cualquier otra información que Ud. precisase si Ud. tiene a bien concederme una entrevista.

Atentamente

Marta Jiménez

Adjunto currículum vitae

EJEMPLO N.º 3
(Dirección comercial de bienes de gran consumo)

Carlos CRESPO BEJARANO
C/ Mallorca, 23
28012 MADRID

                        Madrid, 15 de junio de 1993

                        Sr. D. Marcos Villar
                        Director Gral. de Administración
                        PRO.MARK, S. L.
                        C/ Hermosilla, 376
                        01001 - VITORIA

Estimado Sr. Villar:

He visitado su stand en la última feria celebrada en Barcelona y he observado que su política de distribución se orienta a la búsqueda de un concesionario para cada provincia.

En la empresa DELTA, en la que trabajo desde 1989 como director comercial, he organizado una red de ventas de 58 concesionarios exclusivos y dirigida por 8 agentes de zona; en el mismo período, gracias a una racionalización de la estructura, la facturación de la empresa se ha triplicado.

En caso de que estuviesen considerando la contratación de un coordinador general, le agradecería que considerase mi posible colaboración con Uds. Le adjunto mi currículum vitae, en el que se describe de forma detallada mi experiencia profesional.

Le haré una llamada telefónica a final de mes para saber de su decisión. Mientras tanto, le saludo atentamente:

                                      Carlos Crespo

Se adjunta currículum vitae

EJEMPLO N.º 4
(Joven recién licenciada para una empresa de publicidad)

Valencia, 24 abril de 1993

Sr. D. Luis Tello Ortega
EPSILON, S. L.
C/ Dante, 34
08004 BARCELONA

Estimado Sr. Tello:

Me dirijo a Ud., como experto en el sector de la publicidad, en busca de consejo, ya que este sector es el que más me interesa profesionalmente.

Tengo 25 años y soy licenciada en Arquitectura; desde hace unos meses estoy buscando un trabajo adecuado y que me ofrezca, sobre todo, la posibilidad de conseguir un alto grado de profesionalidad.

No he encontrado todavía nada que me satisfaga y he decidido dirigirme a Ud. para solicitarle un contrato de prácticas en su empresa. Puedo ofrecerle disponibilidad, capacidad de trabajo y deseos de aprender, además de un buen nivel profesional en el campo del diseño técnico.

La próxima semana me pondré en contacto con Ud. para saber si puede ofrecerme una entrevista. Le agradezco su atención y le saludo atentamente:

Pilar Alonso

C/ Sócrates, 123
***** VALENCIA
Tel. 96 - 6789123

¿QUÉ HACER DESPUÉS?

La carta se ha de enviar en original, firmada de puño y letra y con franqueo normal. Se han de evitar en todo caso las cartas certificadas y urgentes. Si, como ya hemos dicho, todas las cartas que se envían son, de alguna manera, personalizadas, es indispensable hacer una copia, de modo que se pueda llevar el control y conocer siempre de forma exacta lo que hemos escrito.

Las cartas han de quedar debidamente archivadas (por sector de trabajo, por empresas, por áreas o por fechas), de modo que se evite el imperdonable error de enviar la misma propuesta a la misma empresa o, todavía peor, a la misma persona.

En el caso, muy común, de que no se reciba respuesta después de tres o cuatro semanas, podemos llamar a la persona a la que hemos escrito (o a su secretaria) e informarnos sobre el destino de nuestra carta. Si no ha llegado o todavía no ha sido estudiada o tomada en consideración, se llegará al acuerdo de volver a llamar alrededor de una semana después.

8

Cómo rellenar los cuestionarios informativos de la empresa

LA FICHA INFORMATIVA

La mayoría de las empresas, cuando convocan para una entrevista, exigen rellenar un cuestionario informativo. Lo mismo puede exigirse en caso de presentar la propia candidatura de forma espontánea. Es una praxis que permite al seleccionador recoger de una forma homogénea y normalizada todos los datos que cree útiles, facilitando de esta manera el primer encuentro.

Por ello, hemos de ser capaces de redactar un currículum eficaz, incluso sobre unas líneas que no han sido diseñadas por nosotros, sino que nos vienen propuestas desde fuera. Incluso aunque en este caso no seamos nosotros quienes decidamos la forma de plantear y tratar los argumentos, nos guiaremos por una estrategia que pueda ser exitosa de cara a la empresa en la que queremos encontrar un puesto de trabajo.

Rellenar un cuestionario informativo significa, de hecho, escribir también el propio currículum vitae. También en este caso, a pesar de tener una menor libertad de acción, hemos de sopesar con todo cuidado las informaciones que proporcionamos, y hacerlo siempre en función de nuestros objetivos.

LAS CLAVES DEL ÉXITO

El tiempo

Ya hemos dicho que, cuando se escribe el currículum, no hemos de tener prisa; sin embargo, cuando se nos propone rellenar un cuestionario informativo, tenemos a disposición un tiempo limitado, que suele ser aproximadamente de media hora. Sería un error pedir más tiempo para acabar el trabajo o, todavía peor, devolverlo incompleto o rellenado de una forma descuidada.

La integridad

Un factor de éxito en esta prueba es la compilación de todos los datos. No basta, sin embargo, dar informaciones precisas, pero telegráficas y asépticas. Incluso sobre una plantilla preparada hemos de intentar personalizar nuestra presentación, articulando coherentemente las respuestas y presentándolas debidamente motivadas.

Hemos de tener en la mente los nombres, las fechas y los lugares que definen nuestra historia personal. Puede suceder que se nos pidan datos de las empresas para las que hemos trabajado anteriormente, o los nombres de nuestros inmediatos superiores; si no se tienen presentes, el tiempo y la atención dedicados a recordar, serán robados a secciones más importantes, es decir, aquellas en las que debemos expresar nuestros objetivos y nuestras expectativas.

El orden

No se puede devolver un cuestionario preelaborado con muchas correcciones, tachaduras, errores o respuestas poco claras. En tal caso, hemos de repetir de nuevo el folio que devolvemos, debidamente rellenado; es nuestra tarjeta de visita y nos precede a cualquier otra presentación. Por otra parte, esta información puede ser leída sucesivamente por personas que no nos conocen, por lo que ha de transmitir una buena imagen de nosotros mismos y de cómo trabajamos.

La coherencia con el currículum

Evidentemente, todo cuanto escribamos ha de ser absolutamente coherente con nuestro currículum vitae. Es siempre aconsejable tener una copia de todo el material que hayamos enviado, para hacer referencia exacta a las fechas e informaciones que hemos proporcionado anteriormente.

La regla general, que nos ha servido también para redactar el currículum, es la de no hacer trampas en el juego, es decir, no venderse a un precio demasiado caro, pero tampoco minusvalorarse.

LAS INFORMACIONES PERSONALES

Como veremos inmediatamente, el estilo de los cuestionarios puede ser muy distinto y los campos sobre los que se nos pide información pueden limitarse a la esfera profesional, o mirar con mayor precisión a los intereses personales, los valores, las motivaciones y las esperanzas que se han puesto en el trabajo y en la empresa. Puede, pues, suceder que haya que manifestarse en unas pocas líneas o que se tenga que narrar un acontecimiento en el que se ha conseguido un éxito, o bien, en el que se haya sufrido un fracaso, o incluso indicar lo que más nos exaspera o más nos satisface en el mundo laboral, etc.

Es absolutamente desaconsejable dejar tales espacios en blanco y sin respuesta. Por tanto, conviene hacer antes un poco de ejercicio de autopresentación, a fin de podernos expresar posteriormente de forma sintética, pero sobre todo, *de forma espontánea, positiva y convincente*.

El objetivo de este trabajo consiste en preparar una descripción sintética de nosotros mismos, pero no se trata de una confesión: si estamos preparados para responder, en cualquier momento nos encontraremos con la capacidad de decidir cuáles son los hechos que en esta ocasión nos parecen más relevantes y, por ello, juzgamos que es útil subrayarlos.

Las preguntas personales son muy frecuentes, también durante la entrevista, por ello, es necesario habituarse a hablar de sí mismo. Intentaremos siempre expresar nuestros puntos fuertes y también los débiles, dando elementos e indicaciones sobre nuestras capacidades y destreza a quien haya de valorarlas, desde un punto de vista profesional.

Intentemos hacer una lista (incluso por escrito) de nuestros deseos, temores, cualidades, defectos, éxitos, desconfianzas, ambiciones, motivos de insatisfacción personal y profesional: son argumentos sobre los que nos podrían preguntar o sobre los que se nos puede pedir explicaciones y es muy conveniente estar preparados para responder con claridad y sin dudas.

ALGUNOS EJEMPLOS DE FORMULARIOS DE EMPRESA

Veamos ahora algunos posibles tipos de formularios de empresa y hagamos el ejercicio de rellenarlos.

Ejemplo n.º 1. Cuestionario informativo (pág. 153)

Es fácil ver que en este módulo las preguntas son de tipo técnico y sólo se dedican un par de líneas a las aspiraciones profesionales. Se piden numerosas informaciones, detalladas y, en algunos casos, informaciones que, por razones de discreción, no se indican en el currículum (organigrama, remuneración, motivo del cese en el trabajo anterior, etc.). Es conveniente tener las ideas claras sobre lo que se ha de responder.

Ejemplo n.º 2. Módulo de informaciones (pág. 157)

Este módulo, muy distinto del anterior, está más orientado a la comprensión de las actitudes y las motivaciones. Exige un método distinto a la hora de rellenarlo, ya que deja un espacio mayor a la iniciativa personal en la narración de lo que se ha de decir. Como ya hemos dicho anteriormente, es absolutamente desaconsejable dejar espacios en blanco y, por ello, es necesario también hacer el esfuerzo para encontrar ejemplos adecuados y significativos.

Ejemplo n.º 3. Formulario de informaciones personales (pág. 160)

El tercer ejemplo de cuestionario, muy detallado, pide informaciones sobre numerosos aspectos profesionales y personales. Plantea preguntas precisas y deja amplios espacios para incluir notas u otras informaciones que se juzguen interesantes. De los datos de la última página se pueden deducir las informaciones y las impresiones que el entrevistador intentará extraer durante la entrevista.

LA EXPLICACIÓN DEL CURRÍCULUM VITAE PERSONAL DURANTE LA ENTREVISTA

Pasar los datos del propio currículum a un cuestionario es como escribirlo de nuevo, pero de forma distina, y nos ofrece la oportunidad de pensar de la misma forma que nuestro entrevistador.

Quien lea nuestro currículum se hará, de todas formas, algunas preguntas (ya hemos dicho que uno de los objetivos era despertar su curiosidad). Indudablemente, tales preguntas aflorarán durante la entrevista. Pueden ser preguntas sobre nuestra familia, sobre nuestras opciones académicas, o bien, sobre algunos «agujeros» o aparentes incongruencias de nuestra carrera profesional.

Intentemos imaginarnos las preguntas que nos formularán y, según vayamos realizando entrevistas, memoricemos el desarrollo y resultado de ellas para analizarlas posteriormente. El éxito de una entrevista se basa, ante todo, en la prontitud, espontaneidad y sensatez de las respuestas.

Si de nuestro currículum parece deducirse claramente que hemos suspendido en los estudios, o que las calificaciones son demasiado bajas, no nos empeñemos en echar todas las culpas sobre los profesores o el nerviosismo de un determinado momento de exámenes, sino que hemos de dar una explicación clara y plausible de nuestras dificultades (el tipo de escuela, una débil motivación para el estudio en aquellos momentos, dedicación a actividades deportivas, problemas de salud, etcétera) y, sobre todo, hemos de asumir en el presente la responsabilidad de aquellas acciones pasadas.

Si hemos cambiado demasiado frecuentemente de trabajo, lo que podría hacer surgir el temor de una escasa identificación con las empresas en que se ha trabajado, intentemos analizar caso por caso, manteniendo tonos neutros y profesionales. Los motivos podrían ser: cambios organizativos, una baja incentivación económica, traslado de la sede de la empresa, incompatibilidad con los superiores inmediatos y otras razones que pueden habernos inducido u obligado a buscar un nuevo trabajo.

En resumen, leamos nuestro currículum con los ojos de otra persona, imaginemos las dudas que le asaltarían y formulemos respuestas precisas y exhaustivas para aclararlas, de modo que nuestra presentación personal dé la impresión de un proceso formativo y profesional razonable y en crecimiento.

EJEMPLO N.° 1

DATOS REGISTRALES	APELLIDOS	NOMBRE	EDAD EN AÑOS	FECHA DE NACIMIENTO
	LUGAR DE NACIMIENTO		NACIONALIDAD	
	RESIDENCIA (CALLE, N.°, CIUDAD, PROVINCIA)		DIRECCIÓN ACTUAL (CALLE, N.°, CIUDAD, PROVINCIA)	
	TELÉFONO	LOCALIZACIÓN EVENTUAL	ESTADO CIVIL	

fotografía

LE ROGAMOS QUE CUMPLIMENTEN DE FORMA COMPLETA EL PRESENTE FORMULARIO, CON EL FIN DE AYUDARNOS A EXAMINAR CON MAYOR PRECISIÓN LA POSIBLE COLABORACIÓN QUE SE LE PODRÍA OFRECER EN NUESTRA EMPRESA. QUEDA GARANTIZADA LA MÁXIMA DISCRECIÓN SOBRE TODOS LOS DATOS QUE UD. TENGA LA BONDAD DE FACILITARNOS.

SITUACIÓN FAMILIAR	PADRE	NOMBRE Y APELLIDOS	EDAD	PROFESIÓN
	MADRE	NOMBRE Y APELLIDOS	EDAD	PROFESIÓN
	HERMANOS, HERMANAS (si es oportuno)	NÚMERO	EDAD	PROFESIÓN
	CÓNYUGE	NOMBRE Y APELLIDOS	EDAD	PROFESIÓN
	HIJOS	NÚMERO	EDAD	PROFESIÓN
FORMACIÓN	ESTUDIOS MEDIOS	TÍTULO		FECHA DEL TÍTULO
		INSTITUTO (NOMBRE Y LOCALIZACIÓN)		
	ESTUDIOS UNIVERSITARIOS	TÍTULO	UNIVERSIDAD	FECHA DE LICENCIATURA (O DOCTORADO)
		TÍTULO DE LA TESIS DOCTORAL		CALIFICACIÓN
	ESTUDIOS DE ESPECIALIZACIÓN	OTROS ESTUDIOS DE ESPECIALIZACIÓN, INSTITUCIONES Y LOCALIZACIÓN		
	ESTUDIOS DE PUESTA AL DÍA			
	IDIOMAS	INDÍQUESE EL NIVEL DE CONOCIMIENTO (PERFECTO, BUENO, DISCRETO, A NIVEL ESCOLAR)		
	ESTANCIAS EN EL EXTRANJERO	LOCALIDAD, PERÍODO DE PERMANENCIA Y MOTIVO		
INFORMACIONES DIVERSAS	FORMA DE CONTACTO CON LA EMPRESA	☐ CANDIDATURA ESPONTÁNEA ☐ PRESENTACIÓN PERSONAL	☐ ANUNCIO DE PRENSA ☐ INSTITUTO ACADÉMICO	A _____ DE _____
	SITUACIÓN MILITAR	☐ PREVISTA ☐ REALIZADO DESDE _____ HASTA _____ ☐ EXENTO ☐ NO PREVISTA TODAVÍA, FECHA PROBABLE _____		
	CATEGORÍAS BENEFICIADAS	INVÁLIDO DE GUERRA, ORFANDAD, MINUSVALÍA, EXPATRIADO/A, ETC. _____		
	FAMILIARES QUE TRABAJAN EN LA EMPRESA	NOMBRE	PARENTESCO	FUNCIONES

EMPLEOS ANTERIORES

Nombre, Dirección, Actividad de la Empresa	Período	Categ. contrac.	Remun. bruta al año	Responsabilidades	Motivo de cese

EMPLEO ACTUAL

Situación deseada y aspiraciones profesionales

Disponibilidad para el traslado   Temporal   ☐ SÍ ☐ NO   Definitivo   ☐ SÍ ☐ NO

Espacio reservado al entrevistador

Le rogaríamos que indique sus experiencias más significativas _____

Empresa _____   _____

N.º de empleados _____   Actividad de la empresa _____

_____   _____

_____   _____

_____   _____

Estructura de la empresa (señalar la propia situación)

Puestos ocupados   (señalar la dependencia jerárquica, las eventuales colaboraciones y los subordinados)

_____

_____

_____

Problemas resueltos de especial importancia   (indíquese si se han resuelto de forma personal o en colaboración con otros)

_____

_____

Las respuestas al presente cuestionario son verdaderas y exactas, no he omitido conscientemente ningún dato ni circunstancia que puedan dañar, en caso de ser conocidas, mi solicitud de empleo.

Fecha _____   Firma _____

EJEMPLO N.º 2

ADVERTENCIAS

— Rellenar cuidadosamente todos los datos del presente cuestionario.
— Todo lo escrito será considerado confidencial: quedará reservada en el ámbito de nuestra empresa y no será divulgado.
— Se ruega no adjuntar documentos originales de estudios, servicios, etc. Si se desean enviar, se ruega adjuntar fotocopias. Los documentos enviados no serán devueltos.
— Se ruega que no se presenten personalmente, a no ser que sean invitados a ello.

Ud. ha decidido ponerse en contacto con nosotros a causa de:

anuncio del .... ☐ carta   ☐ otros motivos (especificarlos) ....

¿Ha tenido entrevistas anteriores con nuestra empresa? .... ¿Cuándo? ....

DATOS PERSONALES Y FAMILIARES
Apellidos (en letra de imprenta) .... Nombre ....
Fecha y lugar de nacimiento .... Nacionalidad ....
Dirección actual .... Tel. ....

Altura (cm)	Peso (kg)	Estado civil: casado/a ☐ soltero/a ☐ viudo/a ☐	N.º de hijos
....	....		....

Profesión de los padres	Padre ....
	Madre ....

Profesión del cónyuge ....

Miembros de su familia empleados actualmente en empresas semejantes a la nuestra:
....

¿Pertenece a una categoría protegida? ....

ÁREAS DE INTERESES PERSONALES

–ECONOMÍA Y CONTROL   –COMPRAS   –PRODUCCIÓN
....

–DEPARTAMENTO JURÍDICO   –LOGÍSTICA
....

–PERSONAL   –MARKETING   –INVESTIGACIÓN Y DESARROLLO
....

–SISTEMAS INFORMATIVOS   –VENTAS
....
....

ACTIVIDADES EXTRAACADÉMICAS ACTUALES O ANTERIORES

Deportes ....
....
....

Vida social ....
....
....

Actividades culturales ....
....
....

Otras ....
....
....

EXPERIENCIAS PROFESIONALES

Empresa	Responsabilidad desempeñada	Duración		Retribución mensual neta	Razón del cese
		desde	hasta		

¿Cómo ha obtenido su último empleo? ....
....

¿Con qué empleo ha quedado más satisfecho? ....
....

Dé las razones ....
....

¿Qué objetivos profesionales se compromete alcanzar a plazo medio? ....
....

¿Tiene preferencias o reservas sobre el lugar de trabajo? ....
....

¿Estaría interesado en un trabajo en el extranjero? ....
¿Desde qué fecha estaría disponible? ....
Remuneración anual pedida (bruto anual) ....

SITUACIÓN MILITAR				
Servicio militar pendiente				
Servicio militar realizado: desde .... hasta				
Cuerpo y graduación				
En caso de ser exento, indicar la razón				
....				
FORMACIÓN				
Instituto/Localidad	Período		Titulación conseguida	Calificación
Facultades universitarias	Ciudad	Período	Titulación conseguida (o en proceso de consecución)	Calificación de la licenciatura y/o media de las calificaciones
		de... / hasta...		
....	....	.... /	....	....

Se ruega adjuntar la lista de los exámenes superados y sus correspondientes calificaciones.

Argumento de la tesis de doctorado y nombre del profesor ....
....
....
....
....
....

¿Por qué ha elegido su carrera? ....
....

¿Ha seguido los cursos de perfeccionamiento y especialización? ....
....

¿Se ha financiado personalmente sus estudios? ....
....

¿En qué medida? .... ¿Con qué actividades? ....

IDIOMAS CONOCIDOS Y NIVEL	LEÍDO			ESCRITO			HABLADO		
	Óptimo	Bueno	Suficiente	Óptimo	Bueno	Suficiente	Óptimo	Bueno	Suficiente
INGLÉS									

Estancias en el extranjero (indicar los períodos y la razón: trabajo, estudio o turismo) ....
....
....
....
....

EJEMPLO N.° 3

	FORMULARIO DE INFORMACIONES PERSONALES	N.°
		FECHA

1.ª PARTE – DATOS PERSONALES

GENERALES	APELLIDOS Y NOMBRE			SEXO (H/M)
	LUGAR DE NACIMIENTO	PROVINCIA		FECHA DE NAC. D D M M A A
	LUGAR DE RESIDENCIA	PROVINCIA		NACIONALIDAD
	DIRECCIÓN ACTUAL			N.° TELÉFONO

SITUACIÓN FAMILIAR	ESTADO CIVIL (SOLTERO, CASADO, SEPARADO, DIVORCIADO, VIUDO)				
	CÓNYUGE	APELLIDOS Y NOMBRE			EDAD
		PROFESIÓN		EMPRESA EN LA QUE TRABAJA	
	HIJOS	NÚMERO	NOMBRE Y EDAD		
	PADRE	PROFESIÓN		MADRE	PROFESIÓN
	HERMANOS	NÚMERO	NOMBRE Y EDAD		

SERVICIO MILITAR	SITUACIÓN (HÁBIL, CUMPLIDO, EXENTO)			
	GRADUACIÓN	CUERPO	FECHA DE LA LICENCIA	
	MOTIVO DE LA EXENCIÓN			

FORMACIÓN ACADÉMICA	ESTUDIOS MEDIOS	TÍTULO		FECHA DEL TÍTULO
		INSTITUTO (NOMBRE Y LUGAR)		CALIFICACIÓN MEDIA DE LOS EXÁMENES
	ESTUDIOS UNIVERSITARIOS	TÍTULO		FECHA DE LA TESIS
		UNIVERSIDAD		TÍTULO DE LA TESIS DOCTORAL
		TÍTULO DE LA TESIS DOCTORAL		
	ESPECIALIZACIÓN CURSOS, SEMINARIOS, ESTUDIOS	INSTITUTO, LUGAR DE REALIZACIÓN, DURACIÓN, FECHA		
	IDIOMAS	(INDICAR EL GRADO DE CONOCIMIENTO CON LA PUNTUACIÓN OBTENIDA)		
		INGLÉS ☐ FRANCÉS ☐ ALEMÁN ☐ ITALIANO ☐		
		OTROS		

ACTIVIDADES EXTRAPROFESIONALES	ESTANCIAS EN EL EXTRANJERO	LOCALIDAD Y PERÍODO DE LA ESTANCIA
	ACTIVIDADES DEPORTIVAS, RECREATIVAS, VIAJES, OTRAS ACTIVIDADES	
	ASOCIACIONES PROFESIONALES	
	LECTURAS HABITUALES (REVISTAS MENSUALES Y SEMANALES)	
	ÚLTIMOS LIBROS LEÍDOS	

2.ª PARTE – EMPLEOS ANTERIORES Y ACTUAL

EMPLEO ANTERIOR				EMPRESA	LOCALIDAD		
PERÍODO		DURACIÓN					
DEL	AL	AÑOS	MESES	ACTIVIDAD DE LA EMPRESA		NIVEL	REMUN. BRUTA

RESPONSABILIDADES

MOTIVO DEL CESE

EMPLEO ANTERIOR				EMPRESA	LOCALIDAD		
PERÍODO		DURACIÓN					
DEL	AL	AÑOS	MESES	ACTIVIDAD DE LA EMPRESA		NIVEL	REMUN. BRUTA

RESPONSABILIDADES

MOTIVO DEL CESE

ÚLTIMO EMPLEO				EMPRESA	LOCALIDAD		
PERÍODO		DURACIÓN					
DEL	AL	AÑOS	MESES	ACTIVIDAD DE LA EMPRESA		NIVEL	REMUN. BRUTA

RESPONSABILIDADES

MOTIVO DEL CESE

EMPLEO ACTUAL				EMPRESA	LOCALIDAD		
PERÍODO		DURACIÓN					
DEL	AL	AÑOS	MESES	ACTIVIDAD DE LA EMPRESA		NIVEL	REMUN. BRUTA

RESPONSABILIDADES
(RELACIÓN SINTÉTICA EN
ORDEN DE IMPORTANCIA)

CALIFICACIÓN
CONTRACTUAL ACTUAL

POSICIÓN ACTUAL EN LA
EMPRESA
(BREVE DESCRIPCIÓN
GRÁFICA)

MOTIVO DEL CAMBIO

BREVE EXPOSICIÓN DE LAS ASPIRACIONES PROFESIONALES

INDICAR ALGUNAS REFERENCIAS, SI SE CONSIDERA OPORTUNO

APELLIDOS Y NOMBRE	CARGO	EMPRESA	DIRECCIÓN

3.ª PARTE – CONOCIMIENTOS ESPECÍFICOS Y EXPERIENCIA DE TRABAJO

BREVE EXPOSICIÓN DE LOS ASPECTOS DE TRABAJO EN QUE SE ESTÁ MÁS ESPECIALIZADO

ARTÍCULOS Y ESTUDIOS PUBLICADOS

SECTORES EN LOS QUE, EVENTUALMENTE, JUZGA OPORTUNO ESPECIALIZARSE

BREVE EXPOSICIÓN DE LOS TEMAS QUE ACTUALMENTE ESTUDIA UD.

ESPACIO RESERVADO AL CANDIDATO PARA EXPONER TODO LO QUE NO SE HA DICHO ANTERIORMENTE Y SE CREE OPORTUNO PARA COMPLETAR LA INFORMACIÓN

FOTOGRAFÍA

FECHA   FIRMA LEGIBLE

SE AUTORIZA PRESENTAR EL FORMULARIO A LA EMPRESA

FECHA   FIRMA LEGIBLE

4.ª PARTE – NOTAS SOBRE EL CANDIDATO (ESPACIO RESERVADO AL ENTREVISTADOR)

PRESENCIA

TIPO DE EMPRESA PARA LA QUE ES APTO (PEQUEÑA-MEDIA-GRANDE)

TIPO DE ACTIVIDAD PARA LA QUE ES ADECUADO (COMERCIO-INDUSTRIA-SERVICIOS)

ÁREA GEOGRÁFICA DEL TRABAJO ACTUAL

DIMENSIONES DE LA EMPRESA ACTUAL (PEQUEÑA-MEDIA-GRANDE)

REMUNERACIÓN BRUTA ACTUAL (ESTIMADA)

NÚMEROS ACTUALES DE PAGAS   CONTRATO COLECTIVO

BENEFICIOS ACTUALES EN LA EMPRESA   COCHE ☐   CASA ☐   SEGUROS ☐   ASIST. MÉD. ☐   ACCIONES ☐   RETRIB. EN ESPECIE ☐   VIAJES ☐

PERÍODO DE PREAVISO

LUGAR EN QUE SE DESEA TRABAJAR

RESPONSABILIDADES A LAS QUE ASPIRA EL CANDIDATO

CALIFICACIÓN LABORAL – CATEGORÍA QUE SE PIDE

REMUNERACIÓN PEDIDA (BRUTA)

SÍNTESIS DE LAS CARACTERÍSTICAS PERSONALES

SÍNTESIS DE LAS CARACTERÍSTICAS PROFESIONALES

JUICIO BREVE SOBRE LAS RESPONSABILIDADES QUE DESEMPEÑA

FECHA ....   FIRMA DEL ENTREVISTADOR ....

9

Aprendamos de los errores ajenos e intentemos evitarlos meditante cuestionarios de control

CRITERIOS GENERALES

¿TENGO LA COSTUMBRE DE LEER LOS ANUNCIOS DE BÚSQUEDA DE PERSONAL?

SÍ Cuando se busca trabajo es un buen ejercicio para comprender la situación del mercado de trabajo.

¿HE DIRIGIDO LA CARTA A UNA PERSONA ESPECÍFICA?

SÍ Es siempre preferible dirigir la carta a un destinatario con nombre y apellidos y, si es posible, indicando también su cargo en la empresa.

¿HE INTENTADO COMPRENDER EL PERFIL PROFESIONAL QUE SE PIDE?

SÍ Si comprendemos bien que tipo de persona busca la empresa, nuestra presentación puede ser más eficaz.

¿HE FIRMADO LA CARTA ORIGINAL DE MI PUÑO Y LETRA?

SÍ No olvidemos nunca firmar la carta antes de enviarla.

¿HE RESALTADO ADECUADAMENTE MIS PUNTOS MÁS FUERTES?

SÍ Es muy conveniente hacer un esfuerzo por presentar positivamente todo cuanto tiene que ver con nosotros.

¿HE SIDO SINTÉTICO?

SÍ El lector de nuestro currículum ha de encontrar inmediata y rápidamente los datos que busca.

¿RESPONDO, EN PRINCIPIO, A LAS CARACTERÍSTICAS DE LA PERSONA QUE LA EMPRESA ESTÁ BUSCANDO?

SÍ No es necesario responder a todo el mundo, sino hacer un esfuerzo por identificar, entre todas las empresas que publican sus anuncios, las que podrían tener necesidad de nosotros.

¿SOY CREÍBLE?

SÍ Promocionar la propia imagen no significa hacer trampas: estas quedarían al descubierto durante la primera entrevista.

¿HE INDICADO CLARAMENTE EL NÚMERO DE REFERENCIA?

SÍ No se ha de olvidar nunca. Escribirlo en el sobre y en la carta.

¿HE ENVIADO UNA CARTA ORIGINAL?

SÍ La carta, sea manuscrita o mecanografiada, ha de ser siempre original.

¿HE DEJADO LEER EL CURRÍCULUM A ALGUIEN PARA TENER UNA OPINIÓN FIABLE?

SÍ Es conveniente pedir la impresión de alguien de nuestra confianza sobre el currículum.

¿HE INTENTADO ESTIMULAR LA CURIOSIDAD DEL LECTOR?

SÍ Lo que se pretende es conseguir una entrevista.

¿HE ACTUALIZADO DE FORMA PRECISA TODOS LOS DATOS?

SÍ Pongamos mucha atención a no olvidar expresiones que «fechen» nuestros documentos.

¿EL CURRÍCULUM ESTÁ PRESENTADO DE FORMA AGRADABLE?

SÍ No olvidemos la importancia del primer impacto visual.

¿HE USADO LA LENGUA DEL ANUNCIO O, EN TODO CASO, LA LENGUA PEDIDA?

SÍ Es una buena regla utilizar la misma lengua en que está redactado el anuncio, a no ser que expresamente se pida otra cosa.

LA INFORMACIÓN SOBRE LOS DATOS CENSALES Y LAS INFORMACIONES PERSONALES

¿HE ESCRITO EL NOMBRE Y LOS APELLIDOS?
SÍ Es la primera información que se ha de dar.

¿HE ESCRITO EL LUGAR Y LA FECHA DE NACIMIENTO?
SÍ Han de constar siempre.

¿HE INDICADO EL ESTADO CIVIL?
SÍ Se puede indicar también el nombre y la profesión del cónyuge.

¿HE INDICADO EL NÚMERO DE HIJOS Y SU EDAD?
SÍ Es un dato importante para la movilidad.

¿HE DECLARADO MI NACIONALIDAD, EN CASO DE QUE SEA DIFERENTE DE LA DEL LUGAR DE NACIMIENTO?
SÍ Esta información se ha de extender también al cónyuge.

¿HE MANIFESTADO CLARAMENTE MI SITUACIÓN MILITAR?
SÍ Pueden omitir esta información las personas de cierta edad.

¿HE ESCRITO MI DIRECCIÓN COMPLETA?
SÍ En caso de que la residencia actual sea diversa, es necesario indicar un lugar seguro de contacto.

¿HE ESCRITO EL NÚMERO DE TELÉFONO CON SU PREFIJO?
SÍ Es el medio de contacto más frecuente. Se puede añadir en alguna ocasión otro número de contacto.

¿HE INDICADO LA PERTENENCIA, SI ES NECESARIO, A CATEGORÍAS LABORALES SUBVENCIONADAS?
SÍ Es conveniente indicar este dato.

¿HE INDICADO EL TIPO DE TÍTULO Y EL AÑO EN QUE SE HA CONSEGUIDO?
SÍ Es aconsejable, incluso para los licenciados y doctores.

¿HE INDICADO EL TÍTULO DE LICENCIATURA O DOCTORADO, LA ESPECIALIDAD, EL LUGAR Y EL AÑO?

SÍ Son datos que no se han de olvidar.

¿HE INDICADO EVENTUALES ESTUDIOS INTERRUMPIDOS (años y número de exámenes superados)?

SÍ Se ha de indicar el tipo de institución académica, los años de frecuencia y los eventuales exámenes que se han pasado con éxito.

¿HE INDICADO LOS CURSOS DE PREPARACIÓN ESPECÍFICA, ESPECIALIZACIÓN Y FORMACIÓN CONTINUA?

SÍ Se ha de indicar claramente la institución académica, el tipo de curso, la duración y el período de asistencia. Según el propio criterio, se pueden indicar también sólo aquellos que tienen relación con la posición que se pretende conseguir.

¿HE INDICADO LA ASISTENCIA A CURSOS DE IDIOMAS?

SÍ Es muy oportuno citarla en caso en que se pidan certificados que atestigüen el conocimiento de un idioma, precisando además el grado real de conocimiento de dicho idioma.

¿HE CITADO LAS BECAS DE ESTUDIO CONCEDIDAS?

SÍ Se pueden indicar, poniendo el acento según convenga, si estas becas han permitido una experiencia profesional y acorde con el puesto al que se aspira.

¿HE ESPECIFICADO QUÉ IDIOMAS CONOZCO Y A QUÉ NIVEL?

SÍ El conocimiento de idiomas es siempre y en todo caso importante, y se han de especificar siempre con la máxima claridad.

¿HE INDICADO LAS ESTANCIAS EN EL EXTRANJERO?

SÍ Se han de indicar los períodos de permanencia en el extranjero por estudio o por motivos de trabajo.

¿HE INDICADO LA DISPONIBILIDAD PARA SER TRASLADADO, DENTRO DEL TERRITORIO NACIONAL O AL EXTRANJERO?

SÍ Se ha de indicar la disponibilidad de movilidad y su medida, especificando las zonas que pueden interesar.

¿HE INDICADO LOS CONOCIMIENTOS TÉCNICOS QUE SE POSEEN NO CERTIFICADOS CON DIPLOMAS O TÍTULOS?

SÍ Se han de indicar siempre los conocimientos adquiridos de forma autodidáctica, siempre que sean coherentes con la posición laboral a la que se opta.

¿HE CITADO MI HOBBY PREFERIDO?

SÍ Los intereses personales ofrecen indicios interesantes sobre nuestra personalidad.

¿HE CITADO LAS ASOCIACIONES DE LAS QUE FORMO PARTE Y EL PAPEL QUE DESEMPEÑO?

SÍ La vida asociativa es también un buen índice de los intereses y directrices fundamentales de quien se presenta.

NO

¿HE INDICADO MI REMUNERACIÓN ACTUAL?

NO Por regla general, es aconsejable hablar de este tema durante la entrevista.

¿HE SIDO CONFUSO SOBRE LOS DATOS DEL CONOCIMIENTO DE IDIOMAS?

NO No es prudente exagerar estos datos, la verificación de ellos es muy fácil.

¿HE INDICADO LAS FRANJAS HORARIAS EN LAS QUE SE ME PUEDE LOCALIZAR?

NO Si trabajamos es evidente que sólo podemos estar en casa en determinados horarios.

¿HE PROPORCIONADO DATOS SOBRE AFILIACIONES POLÍTICAS O CREENCIAS RELIGIOSAS?

NO Es preferible no hacer referencias a ello.

¿HE INDICADO MÁS DE TRES ACTIVIDADES EXTRAPROFESIONALES?

NO Demasiados hobbies pueden dar la impresión de superficialidad y de una escasa dedicación profesional.

NO
¿HE INDICADO TODOS LOS CURSOS DE FORMACIÓN A LOS QUE HE ASISTIDO? **NO** Para quienes tienen una cierta experiencia profesional, es preferible indicar sólo los cursos que tienen relación con la posición a la que se aspira. **¿HE INDICADO EN EL CURRÍCULUM COMO ESTANCIAS EN EL EXTRANJERO LOS VIAJES DE PLACER?** **NO** No se ha de confundir el turismo con las experiencias de estudio o de trabajo en el extranjero. **¿HE ADJUNTADO UNA FOTOGRAFÍA AL CURRÍCULUM?** **NO** Se ha de enviar la fotografía sólo en caso de que sea pedida; en este caso, la fotografía ha de ser reciente, tamaño carnet y realizada por un profesional. **¿HE DADO INFORMACIONES SOBRE DATOS FÍSICOS?** **NO** Se pueden proporcionar durante el curso de la entrevista. **¿HE ESCRITO EN EL CURRÍCULUM QUE TENGO UNA BUENA PRESENCIA?** **NO** En caso de ser pedido, se ha de adjuntar una buena fotografía, en cualquier otro caso, este tema se deja para la entrevista. **¿HE DECLARADO TENER UNA SALUD DE HIERRO?** **NO** Las grandes empresas tienen servicios médicos preventivos que, en su momento, determinan el estado de salud de sus empleados. **¿HE SUGERIDO REFERENCIAS?** **NO** En caso de que se pidan, estas pueden proporcionarse en el transcurso de la entrevista. En todo caso, es posible declararse disponibles a proporcionarlas durante la entrevista. **¿HE PROPORCIONADO LOS CARGOS PROFESIONALES DE LOS PADRES Y DE LOS HERMANOS Y DE LAS HERMANAS?** **NO** Son informaciones que, ocasionalmente, se pueden proporcionar durante la entrevista.

LA INFORMACIÓN SOBRE LA EXPERIENCIA LABORAL

¿HE INDICADO LAS PRÁCTICAS REALIZADAS EN EMPRESAS?

SÍ El período de prácticas es experiencia cualificada formativa para los jóvenes.

¿HE HECHO REFERENCIA A LAS EXPERIENCIAS LABORALES OCASIONALES?

SÍ En caso de que sean las únicas que se han realizado.

¿HE DICHO CLARAMENTE SI HE HECHO PRÁCTICAS EN UN ESTUDIO PROFESIONAL?

SÍ Es importante porque significa que se conoce un determinado ambiente de trabajo.

¿HE VALORADO LA FORMA DE PRESENTAR LOS DATOS DEL CURRÍCULUM: EN ORDEN CRONOLÓGICO, NO CRONOLÓGICO O FUNCIONAL?

SÍ Es muy conveniente pensar y discernir cuál es el orden de presentación más importante.

¿HE INDICADO CLARAMENTE LA RAZÓN SOCIAL, EL SECTOR Y EL TIPO DE ACTIVIDAD DESEMPEÑADO EN TODAS Y CADA UNA DE LAS EMPRESAS QUE HE CITADO?

SÍ Todas las empresas se han de describir de forma precisa y con el mismo criterio.

¿HE DICHO DÓNDE TRABAJO ACTUALMENTE?

SÍ Se ha de indicar con claridad la localización de la empresa en la que trabajamos.

¿HE DESCRITO CUIDADOSAMENTE LA POSICIÓN ACTUAL?

SÍ Es la que será estudiada y valorada con mayor atención.

¿HE EXPLICADO LA CALIFICACIÓN LABORAL Y LAS RESPONSABILIDADES DE CADA UNO DE LOS CARGOS DESEMPEÑADOS?

SÍ Es importante explicar la propia posición laboral, el papel que se desempeña y el nivel de autonomía.

¿HE INDICADO ANTE QUIÉN HE DE RENDIR CUENTAS Y QUIÉNES DEPENDEN DE MÍ?

SÍ Es conveniente indicar la función del propio superior e indicar también el número y la cualificación de nuestros colaboradores.

¿HE DESCRITO ALGÚN PROYECTO EN EL QUE HE TRABAJADO Y HA RESULTADO EXITOSO?

SÍ Siempre que sea posible, es conveniente describir de forma sumaria los proyectos en los que se ha trabajado, definiendo los tiempos, los recursos disponibles y los resultados.

NO

¿HE DADO LA IMPRESIÓN DE ESTAR DISPUESTO A ACEPTAR CUALQUIER OFERTA?

NO Conviene mostrar calma y seguridad.

¿HE REVELADO INFORMACIONES RESERVADAS?

NO Es necesario ser extremadamente cauto sobre los datos reservados.

¿INDICO LOS DATOS DE FORMA QUE SE SOBREPONGAN UNOS A OTROS Y GENEREN CONFUSIÓN?

NO En el caso de que durante cierto tiempo se hayan realizado actividades diversas, se ha de indicar con toda claridad cuál era el tipo de responsabilidad.

¿HE CITADO TODAS LAS EMPRESAS PARA LAS QUE HE TRABAJADO?

NO Se pueden omitir las experiencias que se crean menos importantes o que no estén en línea con el tipo de trabajo al que optamos.

¿HE EXPLICADO LOS MOTIVOS DE LAS DIMISIONES?

NO Si se nos pregunta sobre ello, daremos las oportunas explicaciones en la entrevista.

¿HE DIBUJADO EL ORGANIGRAMA DE LA EMPRESA EN LA QUE ACTUALMENTE TRABAJO?

NO Explicaremos únicamente nuestras responsabilidades con términos descriptivos.

Apéndice – Breve diccionario de los verbos más frecuentes en la redacción del currículum

ESPAÑOL	INGLÉS	FRANCÉS
ACONSEJAR	COUNSEL	CONSEILLER
ADAPTAR	ADJUST	ADAPTER
ADELANTAR	ANTICIPATE	AVANCER
ADMINISTRAR	ADMINISTER	ADMINISTRER
ADMITIR	HIRE	EMBAUCHER
ADQUIRIR	ACQUIRE	ACQUÉRIR
AGRUPAR	ASSEMBLE	GROUPER
ANALIZAR	ANALYSE	ANALYSER
APLICAR	APPLY	APPLIQUER
APRENDER	LEARN	APPRENDRE
APROBAR	APPROVE	APPROUVER
ARMONIZAR	HARMONIZE	HARMONISER
ARRASTRAR	DRAG	TRAÎNER
ASEGURAR	ENSURE	ASSURER
AUMENTAR	INCREASE	AUGMENTER
AYUDAR	HELP	AIDER
CALCULAR	CALCULATE	CALCULER
CAMBIAR	CHANGE	CHANGER
CATALOGAR	CLASSIFY	CATALOGUER
COMERCIALIZAR	COMMERCIALIZE	COMMERCIALISER
COMPONER	COMPOSE	COMPOSER
COMPRAR	BUY	ACHETER
COMPRENDER	UNDERSTAND	COMPRENDRE
COMUNICAR	COMMUNICATE	COMMUNIQUER
CONCEBIR	CONCEIVE	CONCEVOIR
CONCLUIR	FINISH OFF	CONCLURE
CONDUCIR	LEAD	CONDUIRE
CONFIAR	ASSIGN	CONFIER
CONOCER	KNOW	CONNAÎTRE
CONSOLIDAR	CONSOLIDATE	CONSOLIDER
CONSTRUIR	BUILD	CONSTRUIRE
CONSULTAR	CONSULT	CONSULTER
CONTENER	CONTAIN	CONTENIR
CONTROLAR	CONTROL	CONTRÔLER
CONVENCER	CONVINCE	CONVAINCRE
COOPERAR	CO-OPERATE	COOPÉRER
COORDINAR	CO-ORDINATE	COORDONNER
CORREGIR	CORRECT	CORRIGER
CREAR	CREATE	CRÉER
CUMPLIR	PERFORM	ACHEVER
DECIDIR	DECIDE	DÉCIDER
DEFINIR	DEFINE	DÉFINIR
DELEGAR	DELEGATE	DÉLÉGUER
DESARROLLAR	DEVELOP	DÉVELOPPER
DESCENTRALIZAR	DECENTRALIZE	DÉCENTRALISER
DESCUBRIR	DISCOVER	DÉCOUVRIR
DETERMINAR	DETERMINE	DÉTERMINER
DIALOGAR	DIALOGUE	DIALOGUER
DIRIGIR	DIRECT	DIRIGER
DISTRIBUIR	DISTRIBUTE	DISTRIBUER

Breve diccionario de los verbos 177

ALEMÁN	ITALIANO	PORTUGUÉS
BERATEN	CONSIGLIARE	ACONSELHAR
ANPASSEN	ADATTARE	ADJUSTAR
IM VORAUS ETWAS TUN	ANTICIPARE	ANTECIPAR
VERWALTEN	AMMINISTRARE	ADMINISTRAR
IN DIENST NEHMEN	ASSUMERE	EMPREGAR
ERWERBEN	ACQUISIRE	ADQUIRIR
ZUSAMMENSTELLEN	RAGGRUPARE	MONTAR
ANALYSIEREN	ANALIZZARE	ANALISAR
ANLEGEN	APPLICARE	APLICAR
LERNEN	IMPARARE	APRENDER
BILLIGEN	APPROVARE	APROVAR
IN EINKLANG BRINGEN	ARMONIZZARE	HARMONIZAR
ABSCHLEPPEN	TRASCINARE	ARRASTRAR
VERSICHERN	ASSOCIRARE	ASSEGURAR
ERHÖHEN	AUMENTARE	AUMENTAR
HELFEN	AIUTARE	AJUDAR
RECHNEN	CALCOLARE	CALCULAR
ÄNDERN	CAMBIARE	MUDAR
KATALOGISIEREN	CATALOGARE	CLASSIFICAR
VERTREIBEN	COMMERCIALIZZARE	COMERCIALIZAR
KOMPONIEREN	COMPORRE	COMPOR
KAUFEN	COMPRARE	COMPRAR
VERSTEHEN	CAPIRE	PERCEBER
MITTEILEN	COMUNICARE	COMUNICAR
BEGREIFEN	CONCEPIRE	CONCEBER
ABSCHLIESSEN	CONCLUDERE	TERMINAR
LEITEN	CONDURRE	LIDERAR
ÜBERTRAGEN	AFFIDARE	CONTRATAR
KENNEN	CONOSCERE	CONHECER
BEFESTIGEN	CONSOLIDARE	CONSOLIDAR
BAUEN	CONSTRUIRE	CONSTRUIR
UM RAT FRAGEN	CONSULTARE	CONSULTAR
ENTHALTEN	CONTENERE	CONTER
KONTROLLIEREN	CONTROLLARE	CONTROLAR
ÜBERZEUGEN	CONVINCERE	CONVENCER
MITARBEITEN	COOPERARE	COOPERAR
KOORDINIEREN	COORDINARE	COORDENAR
KORRIGIEREN	CORREGGERE	CORRIGIR
GRÜNDEN	CREARE	CRIAR
AUSFÜHREN	COMPIERE	REALIZAR
ENTSCHEIDEN	DECIDERE	DECIDIR
DEFINIEREN	DEFINIRE	DEFINIR
DELEGIEREN	DELEGARE	DELEGAR
ENTWICKELN	SVILUPPARE	DESENVOLVER
DEZENTRALISIEREN	DECENTRARE	DESCENTRALIZAR
ENTDECKEN	SCOPRIRE	DESCROBRIR
BEZEICHNEN	DETERMINARE	DETERMINAR
DIALOGISIEREN	DIALOGARE	DIALOGAR
LEITEN	DIRIGERE	DIRIGIR
VERTEILEN	DISTRIBUIRE	DISTRIBUIR

ESPAÑOL	INGLÉS	FRANCÉS
DIVERSIFICAR	DIVERSIFY	DIVERSIFIER
ELABORAR	ELABORATE	ÉLABORER
ELEGIR	CHOOSE	CHOISIR
EMPLEAR	INVEST	INVESTIR
EMPRENDER	UNDERTAKE	ENTREPRENDRE
ENCONTRAR	MEET / FIND	RENCONTRER
ENSEÑAR	TEACH	ENSEIGNER
ENTERAR	INFORM	RENSEIGNER
ENTREVISTAR	INTERVIEW	INTERVIEWER
ESCUCHAR	LISTEN	ÉCOUTER
ESTRUCTURAR	STRUCTURE	STRUCTURER
EXAMINAR	EXAMINE	EXAMINER
EXPERIMENTAR	EXPERIMENT	EXPÉRIMENTER
EXPLOTAR	EXPLOIT	EXPLOITER
EXPORTAR	EXPORT	EXPORTER
FABRICAR	MANUFACTURE	FABRIQUER
FINANCIAR	FUND	FINANCER
FIRMAR	SIGN	SIGNER
FORMAR	FORM	FORMER
GANAR	GAIN / EARN	GAGNER
GENERAR	GENERATE	PRODUIRE
IMPORTAR	IMPORT	IMPORTER
INNOVAR	INNOVATE	INNOVER
INSTALAR	INSTALL	INSTALLER
INTEGRAR	INTEGRATE	COMPLETER
INTENSIFICAR	INTENSIFY	INTENSIFIER
INTERESAR	INTEREST	INTÉRESSER
INVENTAR	INVENT	INVENTER
INVESTIGAR	RESEARCH	RECHERCHER
LANZAR	LAUNCH	LANCER
MANDAR	COMMAND	COMMANDER
MANEJAR	MANAGE	MANOEUVRER
MANTENER	MAINTAIN	MAINTENIR
MEJORAR	IMPROVE	AMÉLIORER
MOTIVAR	MOTIVATE	MOTIVER
NEGOCIAR	NEGOTIATE	NÉGOCIER
OBLIGAR	OBLIGE	OBLIGER
OBRAR	OPERATE	AGIR
OBSERVAR	OBSERVE	OBSERVER
OBTENER	OBTAIN	OBTENIR
ORGANIZAR	ORGANIZE	ORGANISER
ORIENTAR	ORIENTATE	ORIENTER
PARTICIPAR	PARTICIPATE	PARTICIPER
PLANIFICAR	PLAN	PLANIFIER
PLANTEAR	SET UP	TRACER
PRECISAR	PRECISE	PRÉCISER
PREPARAR	PREPARE	PRÉPARER
PRESENTAR	INTRODUCE	PRÉSENTER
PREVER	FORECAST	PRÉVOIR
PRODUCIR	MAKE / PRODUCE	PRODUIRE

Breve diccionario de los verbos 179

ALEMÁN	ITALIANO	PORTUGUÉS
DIVERSIFIZIEREN	DIVERSIFICARE	DIVERSIFICAR
BEARBEITEN	ELABORARE	ELABORAR
WÄHLEN	SCELIERE	ESCOLHER
INVESTIEREN	INVESTIRE	INVESTIR
UNTERNEHMEN	INTRAPPRENDERE	ASSUMIR
BEGEGNEN / FINDEN	INCONTRARE / TROVARE	REUNIR / ENCONTRAR
LEHREN	INSEGNARE	ENSINAR
INFORMIEREN	INFORMARE	INFORMAR
INTERVIEWEN	INTERVISTARE	ENTREVISTAR
HÖREN	ASCOLTARE	OUVRIR
BAUEN	STRUTTURARE	ESTRUTURAR
PRÜFEN	ESAMINARE	EXAMINAR
AUSPROBIEREN	SPERIMENTARE	EXPERIMENTAR
AUSNUTZEN	SFRUTTARE	EXPLORAR
EXPORTIEREN	ESPORTARE	EXPORTAR
HERSTELLEN	FABBRICARE	MANUFACTURAR
FINANZIEREN	FINANZIARE	FUNDAR
UNTERSCHREIBEN	FIRMARE	ASSINAR
FORMEN	FORMARE	FORMAR
GEWINNEN	GUADAGNARE	GANHAR
ERZEUGEN	GENERARE	GERAR
IMPORTIEREN	IMPORTARE	IMPORTAR
ERNEUERN	INNOVARE	INOVAR
INSTALLIEREN	INSTALLARE	INSTALAR
INTEGRIEREN	INTEGRARE	INTEGRAR
VERSTARKEN	INTENSIFICARE	INTENSIFICAR
INTERESSIEREN	INTERESARE	INTERESSER
ERFINDEN	INVENTARE	INVENTAR
SUCHEN	RICERCARE	PESQUISAR
WERFEN	LANCIARE	LANÇAR
BEFEHLEN	COMANDARE	DIRIGIR
LENKEN	MANOVRARE	GERIR
BEHALTEN	MANTENERE	MANTER
VERBESSERN	MIGLIORARE	MELHORAR
BEGRÜNDEN	MOTIVARE	MOTIVAR
HANDELN	NEGOZIARE	NEGOCIAR
VERPFLICHTEN	OBBLIGARE	OBRIGAR
OPERIEREN	OPERARE	OPERAR
BEOBACHTEN	OSSERVARE	OBSERVAR
ERHALTEN	OTTENERE	OBTER
ORGANISIEREN	ORGANIZZARE	ORGANIZAR
ORIENTIEREN	ORIENTARE	ORIENTAR
TEILNEHMEN	PARTECIPARE	PARTICIPAR
PLANEN	PIANIFICARE	PLANEAR
ANLEGEN	IMPOSTARE	CONCRETIZAR
PRÄZISIEREN	PRECISARE	PRECISAR
VORBEREITEN	PREPARARE	PREPARAR
VORSTELLEN	PRESENTARE	INTRODUCIR
VOHERSEHEN	PREVEDERE	PREVER
HERSTELLEN	PRODURRE	FAZER

ESPAÑOL	INGLÉS	FRANCÉS
PROGRAMAR	PROGRAMME	PROGRAMMER
PROMOVER	PROMOTE	PROMOUVOIR
PROPONER	PROPOSE	PROPOSER
PROYECTAR	PROJECT	PROJETER
REALIZAR	ACHIEVE	RÉALISER
RECOMENDAR	RECOMMEND	RECOMMANDER
REDACTAR	WRITE	RÉDIGER
REESTRUCTURAR	RESTRUCTURE	RESTRUCTURER
REFORZAR	STRENGTHEN	RENFORCER
REGULAR	REGULATE	RÉGLER
REPRESENTAR	REPRESENT	REPRÉSENTER
RESOLVER	SOLVE	RÉSOUDRE
REUNIR	PUT TOGETHER	RÉUNIR
SELECCIONAR	SCREEN	SÉLECTIONNER
SINTETIZAR	SYNTHETIZE	SYNTHÉTISER
SOLICITAR	URGE	RÉCLAMER
SUGERIR	SUGGEST	SUGGÉRER
SUSCRIBIR	UNDERWRITE	SOUSCRIRE
TRABAJAR	WORK	TRAVAILLER
TRADUCIR	TRANSLATE	TRADUIRE
TRANSFORMAR	TRANSFORM	TRANSFORMER
TRANSPORTAR	TRANSPORT	TRANSPORTER
VENDER	SELL	VENDRE

ALEMÁN	ITALIANO	PORTUGUÉS
PROGRAMMIEREN	PROGRAMMARE	PROGRAMAR
ANREGEN	PROMUOVERE	PROMOVER
VORSCHLAGEN	PROPORRE	PROPOR
PLANEN	PROGETTARE	PROJECTAR
REALISIEREN	REALIZZARE	ATINGIR
EMPFEHLEN	RACCOMANDARE	RECOMENDAR
VERFASSEN	REDIGERE	ESCREVER
WIEDER BAUEN	RISTRUTTURARE	TEESTRUTURAR
VERSTÄRKEN	RINFORZARE	FORTALECER
REGELN	REGOLARE	REGULAR
VERTRETEN	RAPPRESENTARE	REPRESENTAR
LÖSEN	RISOLVERE	SOLUCIONAR
VERBINDEN	RIUNIRE	JUNTAR
AUSWÄHLEN	SELEZIONARE	FILTRAR
KURZ ZUSAMMENFASSEN	SINTETIZZARE	SINTETIZAR
FÖRDERN	SOLLECITARE	SOLICITAR
ANRATEN	SUGGERIRE	SUGERIR
SUBSKRIBIEREN/UNTERSCHREIBEN	SOTTOSCRIVERE	SUBLINHAR
ARBEITEN	LAVORARE	TRABALHAR
ÜBERSETZEN	TRADURRE	TRADUZIR
TRANSFORMIEREN	TRASFORMARE	TRANSFORMAR
BEFÖRDEN	TRASPORTARE	TRANSPORTAR
VERKAUFEN	VENDERE	VENDER

Índice

INTRODUCCIÓN		5
1.	LA COMUNICACIÓN ESCRITA	9
	La dificultad de escribir	11
	La sociedad de las comunicaciones	11
	La comunicación	12
	Escribir una carta	16
2.	LA INSERCIÓN EN EL MUNDO DEL TRABAJO	19
	Las vías de acceso al mercado del trabajo	21
	Los anuncios de búsqueda de personal	23
	La lectura de los anuncios	27
	El currículum vitae	30
	Venderse al mejor postor para encontrar el mejor trabajo	30
	Actuar por cuenta propia con un anuncio de demanda de empleo . . .	31
3.	EL CURRÍCULUM VITAE: ESTRUCTURA Y CRITERIOS DE REDACCIÓN	35
	¿Planificar o coger las oportunidades al vuelo?	37
	Todo cuanto queremos decir	38
	El currículum no es una carta	38
	Las características de un currículum vitae con éxito	43
	La estructura del currículum vitae	44
4.	ANUNCIOS DE BÚSQUEDA DE PERSONAL Y RESPUESTAS . .	65
	El currículum de los jóvenes licenciados	67
	Cómo no se ha de escribir el currículum	73
	El currículum de quien ya tiene experiencia laboral	77

       Cómo no se ha de responder 82
       Otros ejemplos 86
       Cómo resaltar y dar valor a experiencias diversas o numerosas 88

5. **LA CARTA QUE ACOMPAÑA EL CURRÍCULUM** 95

       Estrategias para conseguir el éxito 97
       ¿A quién escribimos? 97
       El contenido de la carta 98
       ¿A mano o a máquina? 98
       Las respuestas a anuncios «originales» 104
       ¿Qué se ha de añadir al currículum? 107

6. **EL CURRÍCULUM PARA EUROPA: QUÉ ESCRIBIR EN INGLÉS, FRANCÉS, ALEMÁN, ITALIANO Y PORTUGUÉS** 109

       ¿Qué argumentos tratar en los currículum escritos en otra lengua? . . 111
       El currículum en inglés 111
       El currículum en francés 116
       El currículum en alemán 120
       El currículum en italiano 124
       El currículum en portugués 128

7. **LA CARTA DE AUTOCANDIDATURA PARA OFRECERNOS: DIRECTAMENTE A UNA EMPRESA** 135

       Estrategias de búsqueda: la candidatura espontánea 137
       El plan de acción 137
       Los factores de éxito de una carta de autopresentación 140
       El porcentaje de éxito 140
       ¿Qué hacer después? 146

8. **CÓMO RELLENAR LOS CUESTIONARIOS INFORMATIVOS DE LA EMPRESA** 147

       La ficha informativa 149
       Las claves del éxito 149
       Las informaciones personales 150
       Algunos ejemplos de formularios de empresa 151
       La explicación del currículum vitae personal durante la entrevista . . 152

9. APRENDAMOS DE LOS ERRORES AJENOS E INTENTEMOS
   EVITARLOS MEDIANTE CUESTIONARIOS DE CONTROL . . . 165

   Criterios generales 167
   La información sobre los datos censales y las informaciones
      personales 169
   La información sobre la experiencia laboral. 173

APÉNDICE - Breve diccionario de los verbos más frecuentes en la redacción
   del currículum 175

*Impreso en Italia por
Grafiche Milani
Segrate (Milano)*